名·师·教·育·坊

聚焦灵动课堂

—— 基于核心素养的
高中"灵动三元"助学课堂研究

杨帆 蒋春鹏 编著

四川大学出版社
SICHUAN UNIVERSITY PRESS

图书在版编目（CIP）数据

聚焦灵动课堂：基于核心素养的高中"灵动三元"
助学课堂研究 / 杨帆，蒋春鹏编著. -- 成都：四川大
学出版社，2024.9
（名师教育坊）
ISBN 978-7-5690-6686-9

Ⅰ．①聚… Ⅱ．①杨… ②蒋… Ⅲ．①课堂教学－教
学研究－高中 Ⅳ．① G632.421

中国国家版本馆 CIP 数据核字（2024）第 037015 号

书　　名：聚焦灵动课堂——基于核心素养的高中"灵动三元"助学课
　　　　　堂研究
　　　　　Jujiao Lingdong Ketang——Jiyu Hexin Suyang de Gaozhong"Ling
　　　　　dong San-yuan"Zhuxue Ketang Yanjiu
编　　著：杨　帆　蒋春鹏
丛 书 名：名师教育坊

丛书策划：梁　平　唐　飞
选题策划：庄　溢
责任编辑：庄　溢
责任校对：刘柳序
装帧设计：裴菊红
责任印制：李金兰

出版发行：四川大学出版社有限责任公司
　　　　　地址：成都市一环路南一段 24 号（610065）
　　　　　电话：（028）85408311（发行部）、85400276（总编室）
　　　　　电子邮箱：scupress@vip.163.com
　　　　　网址：https://press.scu.edu.cn
印前制作：四川胜翔数码印务设计有限公司
印刷装订：四川省平轩印务有限公司

成品尺寸：170mm×240mm
印　　张：13.25
字　　数：231 千字

版　　次：2024 年 9 月 第 1 版
印　　次：2024 年 9 月 第 1 次印刷
定　　价：78.00 元

本社图书如有印装质量问题，请联系发行部调换

扫码获取数字资源

四川大学出版社
微信公众号

前　言

党的二十大报告强调："办好人民满意的教育……全面贯彻党的教育方针，落实立德树人根本任务，培养德智体美劳全面发展的社会主义建设者和接班人。"[①] 全面贯彻党的教育方针，办好人民满意的教育，加快建设高质量教育体系，基础教育尤其是高中阶段教育的工作核心在于深化课程改革。

课程改革的核心在课堂。随着教育改革的不断推进，教师的课堂教学方式正在发生变化，但是仍然存在一些问题。例如，教学内容的处理方式单一，简单地按照教材、教辅的章节、篇章进行讲授；为了满足应试要求，将大部分知识教学内容单一地处理为事实性知识，课堂上以讲授为主，缺乏学生的主动参与。

课堂是高中学校育人的主阵地。高中学校如何在课堂教学中贯彻落实育人方式的改革？如何将核心素养的培养落到实处？教师的教学行为在以核心素养为导向的课堂中如何改变？成都市郫都区第四中学的教师主动应对，积极探索，依托于2017年度成都市教育科研农村教育专项课题"以学科核心素养为导向的高中'灵动三元'助学课堂研究"，在教科室的组织引领下，以教研组为单位持续思考、学习、研究、实践。

在具体的研究实践中，我们始终关注两个问题。第一，以"核心素养"为基点指导课堂教学改革，培养学生自主学习、合作探究、实践创新的综合能力，全面推进育人方式改革，促进学生深度学习，实现学生全面发展的行之有效的方法是什么？第二，改变学校教学形式单一，学生被动学习、浅表性学习的现状，让学生焕发蓬勃的课堂学习活力，培养学生的高阶思维，引导学生深

---

① 习近平：《高举中国特色社会主义伟大旗帜　为全面建设社会主义现代化国家而团结奋斗——在中国共产党第二十次全国代表大会上的报告》，人民出版社，2022年版，第34页。

度学习，适合新课程理念的教学方法又是什么？

在不断地学习研究中，我们结合学校实际，在"高中'灵动三元'助学课堂模式的实践研究"的基础上，将核心素养的培养融入其中，围绕学生学科核心素养的发展，精选、重组教学内容，创设真实情境，设计学生自主、合作、探究的学习活动，重视学习过程中的交流与评价，注重学生全面发展的同时，促进教师自身的专业成长，力求把立德树人的根本任务落到实处。

我们提出"灵动三元"助学课堂的教学策略，以"助学案"为依托，精心设计"心动元""主动元""互动元"三个环节，以真实情境作为核心知识的载体，以合作探究作为能力提升的途径，以对话交流作为学习评价的主要方式，构建立德树人、素养为本的课堂教学实践，用学生发展核心素养的培育指导引领各学科教学，发挥学科课程的价值，培育德才兼备的优秀人才。

本书包括三个部分。第一部分为"灵动三元"助学课堂的理论探索，介绍了"灵动三元"助学课堂的基本构想、相关概念、教学设计与实施核心。第二部分为课题组在实践研究过程中形成的一些认识，以课例论文的形式呈现。第三部分为课题组在实践过程中打磨出的优质教学设计，这些设计近年来在省级、市级各类赛课活动中受到一致好评。

本书的成书要感谢课题组的主研人员蒋春鹏、杨易娜、谢美红、万红利、吴佳玲等老师的深度参与。本书融入了全体参与教师的集体智慧，在此表示衷心感谢！

在研究与实践的过程中，我们欣喜地看到"灵动三元"助学课堂对教师课堂教学带来的改变，也看到它对教师专业发展的促进。当然，核心素养导向的课堂教学改革是一项复杂而深刻的挑战，而我们目前的研究仍然处于课堂实践层面。限于笔者理论水平有限，本书所述肯定存在许多疏漏和不足之处，恳请读者批评指正。

目　录

第一部分　理论探索

第二部分 课例论文

第三部分 教学设计

第一部分

理论探索

第一章 绪论

一、"灵动三元"助学课堂的研究背景

随着经济全球化和信息时代的到来，传统的经济增长模式正被知识经济、创新经济模式所取代，人才竞争日益激烈，世界各国掀起教育改革的浪潮，"核心素养"迅速成为大家关注的焦点。

党的十八大提出："努力办好人民满意的教育，要坚持教育优先发展，全面贯彻党的教育方针，坚持教育为社会主义现代化建设服务、为人民服务，把立德树人作为教育的根本任务，培养德智体美全面发展的社会主义建设者和接班人。全面实施素质教育，深化教育领域综合改革，着力提高教育质量，培养学生社会责任感、创新精神、实践能力。"[1] 2014 年，教育部印发《关于全面深化课程改革 落实立德树人根本任务的意见》，首次提出"核心素养体系"的概念，并指出"研究制订学生发展核心素养体系和学业质量标准"是着力推进的关键领域之一。2016 年，中国学生发展核心素养研究成果发布会在北京师范大学举行，提出构建我国学生发展核心素养总体框架（图 1—1）。我国学生发展核心素养，以培养"全面发展的人"为核心，分为文化基础、自主发展、社会参与三个方面，综合表现为人文底蕴、科学精神、学会学习、健康生活、责任担当、实践创新六大素养，具体细化为 18 个基本要点。各素养之间相互联系、互相补充、相互促进，在不同情境中整体发挥作用。

---

[1]　中共中央党史和文献研究院：《全面建成小康社会重要文献选编》（上），人民出版社，2022 年版，第 673 页。

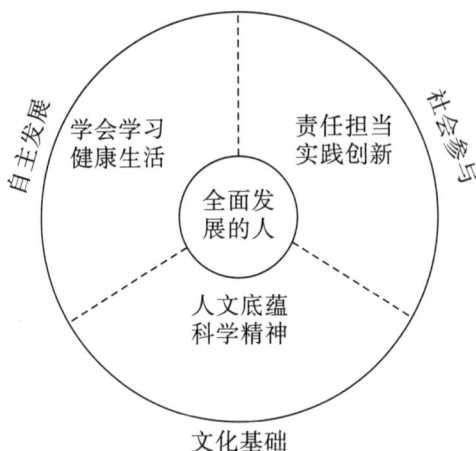

图 1-1 我国学生发展核心素养总体框架

党的十九大提出："优先发展教育事业。建设教育强国是中华民族伟大复兴的基础工程，必须把教育事业放在优先位置，加快教育现代化，办好人民满意的教育。要全面贯彻党的教育方针，落实立德树人根本任务，发展素质教育，推进教育公平，培养德智体美全面发展的社会主义建设者和接班人。"①党的二十大提出："办好人民满意的教育。育人的根本在于立德。全面贯彻党的教育方针，落实立德树人根本任务，培养德智体美劳全面发展的社会主义建设者和接班人。深化教育领域综合改革，加强教材建设和管理，完善学校管理和教育评价体系，健全学校家庭社会育人机制。加强师德师风建设，培养高素质教师队伍，弘扬尊师重教社会风尚。推进教育数字化，建设全民终身学习的学习型社会、学习型大国。"②

2018 年 1 月《普通高中课程方案》（2017 年版）和各学科课程标准（2017年版）正式颁布并指出："中国学生发展核心素养是党的教育方针的具体化、细化。为建立核心素养与课程教学的内在联系，充分挖掘各学科课程教学对全面贯彻党的教育方针、落实立德树人根本任务、发展素质教育的独特育人价值，各学科基于学科本质凝练了本学科的核心素养，明确了学生学习该学科课

---

① 习近平：《决胜全面建成小康社会 夺取新时代中国特色社会主义伟大胜利——在中国共产党第十九次全国代表大会上的报告》，人民出版社，2017 年版，第 45 页。

② 习近平：《高举中国特色社会主义伟大旗帜 为全面建设社会主义现代化国家而团结奋斗——在中国共产党第二十次全国代表大会上的报告》，人民出版社，2022 年版，第 34 页。

程后应达成的正确价值观念、必备品格和关键能力，对知识与技能、过程与方法、情感态度价值观三维目标进行了整合。"① 它将"核心素养"的培育作为重要的育人目标，并要求在高中教材修订和教学实践中落实。2019 年 6 月，国务院办公厅发布的《关于新时代推进普通高中育人方式改革的指导意见》指出："深化课堂教学改革……积极探索基于情境、问题导向的互动式、启发式、探究式、体验式等课堂教学，注重加强课题研究、项目设计、研究性学习等跨学科综合性教学，认真开展验证性实验和探究性实验教学。"2020 年修订后的《普通高中课程方案》提出，关注学生学习过程，创设与生活关联的、任务导向的真实情境，促进学生自主、合作、探究地学习，注重对学生学习过程的评价，推进信息技术在教学中的合理应用，提高课程实施水平。2020 年 1 月发布的《中国高考评价体系》明确了高考的核心功能、考查内容、考查要求和考查载体，是深化新时代高考改革的基础工程、理论支撑和实践指南，明确要求学习者在面对与学科相关的生活实践或学习探索问题情境时，高质量地认识问题、分析问题、解决问题。2022 年 3 月，教育部印发了《义务教育课程方案》和各学科课程标准。至此，基础教育各个阶段的核心素养培养体系得以明确。

华东师范大学课程与教学研究所崔允漷教授曾提出，如果说落实"双基"是课程目标 1.0 版，"三维目标"是 2.0 版，那么，核心素养的提出让教育改革进入了 3.0 时代，课堂教学应依据课程标准与时俱进。

二、"灵动三元"助学课堂的研究现状

（一）"灵动课堂"研究现状

2016 年，海门市刘浩小学开展灵动课堂探索，在贯彻"扬正气、蓄大气、育灵气"的学校精神的前提下实施教学优化方案，旨在提升课堂教学质量，同时培养学生的语文素养，全面提升学生的综合素质。其灵动课堂的核心理念是

---

① 中华人民共和国教育部：《普通高中课程方案 》（2017 年版），人民教育出版社，2018 年版，第 4 页。

以心动引发行动，从而实现教学中学生的"身心合一"。具体到教学中，张乃娟总结道，灵动课堂要具备"四动""四高"的特点，概而言之，就是以心动、行动、生动、灵动为特征，以高参与、高协调、高愉悦、高共鸣为目标。① 苏州市相城区黄桥中学的沈群英则认为，营造沉稳与灵动的课堂，教师需要在课堂教学中把握"四感"，即方向感——目标导行，人文感——分层要求，厚重感——习惯养成，延伸感——丰富内涵。② 2017 年，周晓红以马塘中学"问题导学、灵动课堂"教学模式的管理为研究对象，通过案例呈现、学生问卷调查、行政课堂观察等路径对该教学模式进行实证分析，发现"导学案、现代教育技术、合作学习"是驱动该教学模式的"三驾马车"，观念的转变、地域文化的引领、校本制度的助推、内涵的阶段侧重为该教学模式的系统推进提供了保障。周晓红提出要基于"问题"，以导学案的规范、"五真"合作等五个项目为抓手完善"问题导学、灵动课堂"教学模式的建构。③ 2018 年，滁州市全椒县江海小学的董芳提出灵动课堂的构建需要师生合力，要由问题引领，激活学生的思维；要善引善导，敢于质疑，"放飞"学生思维；要巧设问题，促进学生思维能力发展。④ 2019 年，重庆市南岸区珊瑚实验小学的石玉提出要以活泼的氛围、活跃的思维、活动化的设计、生活化的联系，激发学生兴趣，发散学生思维，实现情理相融、智慧相合，进而打造灵动课堂。⑤ 2019 年，桂林市穿山小学的关秀燕提出，灵动课堂指在课堂教学中，通过活用教材和教学方法，摒弃以往教学理念与教学方法的弊端，赋予教学思维以灵活性的一种教学手段。同时，学生在课堂学习中具有灵活性的特点，遇到学习难题时能及时和教师交流沟通，保持活跃的课堂氛围，形成双向交流互动的学习气氛，促进学生全面发展。她认为灵动课堂强调以学生为主体，教师是学生的引导者和组织者，灵动课堂的设计则主要有两个环节：巧设情境，培养学生语言能力；合理运用新媒体，锻炼学生互动能力。⑥

---

① 张乃娟：《营造灵动课堂 培养灵气学生》，《语文教学通讯》2016 年第 2 期。
② 沈群英：《"四感"营造沉稳与灵动课堂》，《中学政治教学参考》2016 年第 5 期。
③ 周晓红：《马塘中学"问题导学 灵动课堂"教学模式管理研究》，苏州大学硕士论文，2017年。
④ 董芳：《浅谈激活创新思维与构建灵动课堂》，《才智》2018 年第 26 期。
⑤ 石玉：《灵动课堂 让语文核心素养落地》，《科学咨询》（教育科研）2019 年第 3 期。
⑥ 关秀燕：《以"灵动课堂"推进小学生英语核心素养的提升》，《教育观察》2019 年第 2 期。

从已有文献的研究来看，灵动课堂主要强调灵活的教学手段、活泼的教学氛围。过往开展研究的学者主要以具体的课时教学为案例，而大样本的系统研究主要集中在教学模式与教学有效性的实证研究方面。例如，周晓红研究马塘中学的"问题导学、灵动课堂"教学模式，结果显示该模式在提高课堂效率、提升教师专业水平、培育学生核心素养、彰显学校办学特色等方面具有不可替代的作用。

（二）"活动元"教学研究现状

2004 年，傅兴春在《新课程活动元教学设计和教学原理》一书中较为完整地阐述了活动元的教学理念与方法，指出"活动元是指在教学中为完成某一学习任务中的一个或几个子任务，而进行的相对独立的学习活动"，强调"这种活动是以学生为中心，以学习任务为背景来进行的"。[①] 在此后的几年中，傅兴春不断丰富完善"活动元"教学理念，认为将符合新课程理念的学生活动抽取出来，将其作为课堂教学的一个元素或一个环节使用，这每个"活动元"必须是一个相对独立的整体，是学生认识的一个组成部分。傅兴春将课堂分组实验、探究活动、资料调查活动、展示活动等分别看作一个"活动元"并给予编号和相应的"活动元"描述，在此基础上形成了"活动元"模式和"活动元"模式库。他认为按照这个模式进行的教学即"活动元"教学。

2009 年，周业虹运用"活动流"的方式进行教学设计，这些"活动流"来源于教师对教学系统分析后设计而成的"活动元"，并按照一定顺序编排建构。她提出"活动元"教学是以一个个"活动元"来展开教和学的过程（图1－2）。[②]

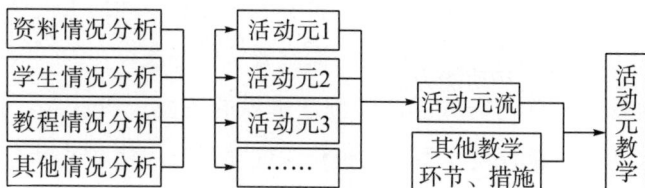

图1－2　周业虹"活动元"教学设计流程

---

① 傅兴春：《新课程活动元教学设计和教学原理》，天津教育出版社，2004 年版，第 9 页。
② 周业虹：《活动元教学设计在化学教学中的应用》，《化学教育》2009 年第 10 期。

　　成都市教育科学研究院的邓玉华团队在课堂教学中不断研究、实践，并优化"活动元"教学，指出以学生为中心的"活动元"教学设计模型是教师在明确把握课标的前提下，依据教材特点、教学资源、学生实际情况等因素，将课程标准细化成一个个学习任务，并将每个学习任务设计成一个个符合新课程理念且独立的活动单元，即"活动元"，然后将这些"活动元"有机地整合成教学设计并运用于课堂教学的模型（图1-3）。

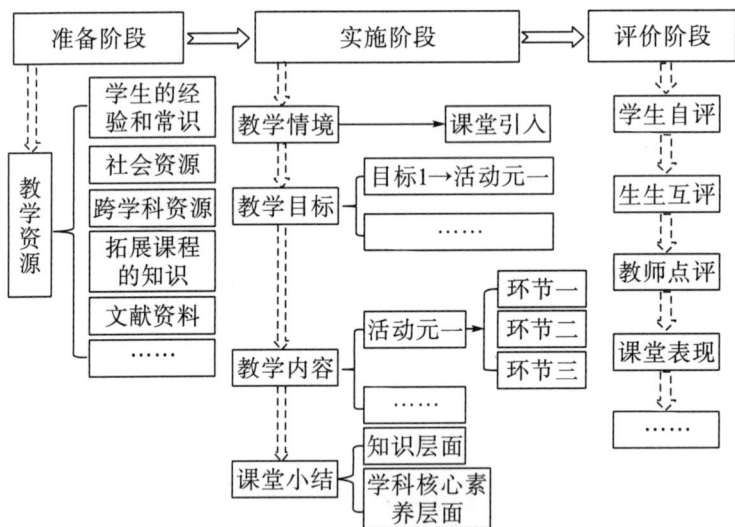

图1-3　邓玉华"活动元"教学设计模型

（三）"深度学习"研究现状

　　"深度学习"由劳伦斯·马顿和罗杰·萨尔乔在1976年于《学习的本质区别：结果和过程》一文首次提出。马顿将学生学习获取和加工信息的方式分为"浅层学习"和"深度学习"。它作为与课堂教学中普遍存在的"浅层学习"相对的一种更加深入的学习方式逐渐受到学术界的关注。1995年，提出"高阶思维"的赫尔等人，就深度学习者在进行深度学习时的状态进行了解读，发现在进行深度学习时，学习者关注更广泛的背景信息以及材料之间的内在联系。他们通过重构信息之间的质性关系而展开回忆和联想，重塑现象之间的因果关系并达到对学习内容的深度理解，是人类高阶思维能力的充分展现。此后，研究者将目光从对深度学习内涵、特征的探讨转向如何促进学生实现深度学习，应从哪些维度激发学生深度学习能力的发展等议题。1996 年，奥利弗和麦克洛克林结合脑科学的相关研究成果开发了一种分析模型，提出认识的五种相互作用——社会、程序、说明、解释和任职。这一模型被用于分析远程教学和传统教学的各种策略。2012 年，美国研究委员会将深度学习能力设计为三个维度：认知领域、人际领域和个人领域。威廉和弗洛拉·休利特基金会提出了"深度学习"素养的基本框架，将其阐释为包括掌握核心学术内容、批判性地思考并解决复杂问题等在内的六项核心能力的发展。近年来，深度学习领域的研究逐渐从单一的学理分析和理论诠释，转向侧重于实践方面的探讨。美国"深度学习网络"项目致力于通过深度学习培养学生适应 21 世纪社会生活的必备技能。深度学习目标包括掌握核心知识、批判性思维和复杂问题解决、有效沟通、合作学习、学会学习、发展积极的学习心智，旨在打造学生自由探究的专业学习共同体，而专业学习共同体是学生进行深度学习的有力形式。①

何玲和黎加厚认为，学习者在理解的基础上批判性地学习新思想和事实，并将它们融入原有的认知结构中，在众多思想间进行联系，进而将已有的知识迁移到新的情境中，做出决策和解决问题的学习过程，就是深度学习。深度学习有三个主要特征：理解与批判、联系与建构、迁移与应用。② 安富海认为深度学习是指学习者以高阶思维的发展和实际问题的解决为目标，以整合的知识为内容，积极主动地、批判性地学习新的知识和思想，并将它们融入原有的认知结构中，且能将已有的知识迁移到新的情境中的一种学习。深度学习具有注重批判理解、强调内容整合、促进知识建构、着意迁移运用等特征。③ 郭华认为，深度学习指学生在教师的引领下，围绕着具有挑战性的学习主题，全身心积极参与、体验成功、获得发展的有意义的学习过程。深度学习有五个特征：联想与结构、活动与体验、本质与变式、迁移与应用、价值与评价。④ 李松林等认为深度学习指借助具有整合作用的实际问题激活深层动机，展开切身体验和高阶思维，促进深度理解和实践创新，进而对学习者产生深远影响的学习样

① 高东辉、于洪波：《美国"深度学习"研究 40 年：回顾与镜鉴》，《外国教育研究》2019 年第 1 期。

② 何玲、黎加厚：《促进学生深度学习》，《现代教学》2005 年第 5 期。

③ 安富海：《促进深度学习的课堂教学策略研究》，《课程·教材·教法》2014 年第 11 期。

④ 郭华：《深度学习及其意义》，《课程·教材·教法》2016 年第 11 期。

态。他们认为深度学习的"深"体现在学习活动能够触及学生心灵深处，激发深层兴趣、情感和思维；体现在能够深入知识内核和本质，掌握深层次意义；体现在问题解决过程中展开情境认知和实践参与。深度学习有三个特征：深层动机、切身体验与高阶思维、深度理解与实践创新。[①] 钟启泉认为深度学习不是特定的教学方法，也不否定学校教育中教师的作用，而是要求教师把握学习的本质，不断地思考旨在培育儿童素质与能力所必需的学习的理想模式。[②]

笔者基于对研究现状的分析，结合学校实际情况，通过不断地实践探索，提出以"心动元""主动元""互动元"为学生学习活动元，以发展学生核心素养为宗旨的"灵动三元"助学课堂模型，启迪学生高阶思维，指向深度学习，使学生的思维活动逐渐由已知导出未知，达到释疑、解惑的目的，实现知识的迁移和能力的飞跃，促进学生全面发展。

三、"灵动三元"助学课堂的价值

（一）理论价值

"灵动三元"助学课堂旨在培养学生自主学习、合作探究、实践创新的综合能力，是当前"三新"[③] 背景下学校落实新课程理念、促进学生全面发展行之有效的方法。"灵动三元"助学课堂的实践研究，对于改变当前课堂教学设计缺乏整体规划、课堂教学形式单一，难以帮助学生主动学习、整合知识、建构知识体系的情况有很大帮助，探索提出了切实有效的教学设计策略、灵动的教学方法，能进一步丰富新课程理念的教育内涵。

（二）实践价值

首先，"灵动三元"助学课堂有利于教师成长。与传统的课堂教学不同，"灵动三元"助学课堂是基于教师的深度研究的课堂。教师需要全面地研究、

---

① 李松林、贺慧、张燕：《深度学习究竟是什么样的学习》，《教育科学研究》2018 年第 10 期。
② 钟启泉：深度学习：课堂转型的标识，《全球教育展望》2021 年第 1 期。
③ "三新"是指新高考制度、新课程、新教材。

分析和组织教学内容，通过研读课标、研思教材、研析文献、研究实验、研制微课等环节，了解教学内容的基本构成与内部结构关系，组织教学元素，建构更加丰富的教育情境，将静态的内容、动态的过程及生动丰富的情境融为一体，设计出先易后难、由浅入深的活动单元，让核心素养的培养在课堂教学中落地。教师的教学目标要从"以教授具体知识为主"向"以促进学生对核心知识的理解和关键能力的提升为本"转变；教学设计要从"重知识传授"向"重问题解决"转变；教学评价从"重结果、重分数"向"重过程、重表现"转变。在"灵动三元"助学课堂的教学设计与实施过程中，教师能及时反思自己的优点和不足，促进专业钻研、专业阅读，凝练教学经验，增进学科理解，丰富教学成果，不断促进自身的专业发展。

其次，"灵动三元"助学课堂有利于培养学生的多元能力与核心素养。学生通过"灵动三元"助学课堂的学习不仅能获得知识和技能，更能获得过程与方法，提升情感价值和思维能力，培育各学科核心素养，为成为一个全面发展的人奠定基础。"灵动三元"助学课堂有助于培养学生的合作学习意识与能力。尤其是在"主动元"的学习活动单元中，学生小组成员之间相互讨论、互相启发，围绕一些值得争论的问题而展开的思维碰撞，会将参与者导向一个新的领域，拓展出一些新的学习及研究视角，让知识体系在集思广益、思维互补中不断建构、不断完善。"灵动三元"助学课堂还有助于培养学生交往、沟通的意识与能力。在"互动元"的学习活动单元中，学生能通过交流、分享、质疑、评说等方式，获得对学科知识及意义的深入理解、学科思想及方法的体验与感悟、学科活动及经验的丰富和积累，进而在思想沟通、语言表达、情感交流、能力表现等方面获得成长。

第二章　"灵动三元"助学课堂的概念界定与理论基础

一、"灵动三元"助学课堂的相关概念界定

（一）学生发展核心素养

学生发展核心素养主要指学生应具备的，能够适应个体发展和社会发展需要的必备品格和关键能力。研究学生发展核心素养是落实立德树人根本任务的一项重要举措，也是适应世界教育改革发展趋势、提升我国教育国际竞争力的迫切需要。

中国学生发展核心素养，以科学性、时代性和民族性为基本原则，以培养"全面发展的人"为核心，分为文化基础、自主发展、社会参与三个方面。综合表现为人文底蕴、科学精神、学会学习、健康生活、责任担当、实践创新六大素养，具体细化18个基本要点（图2-1）。

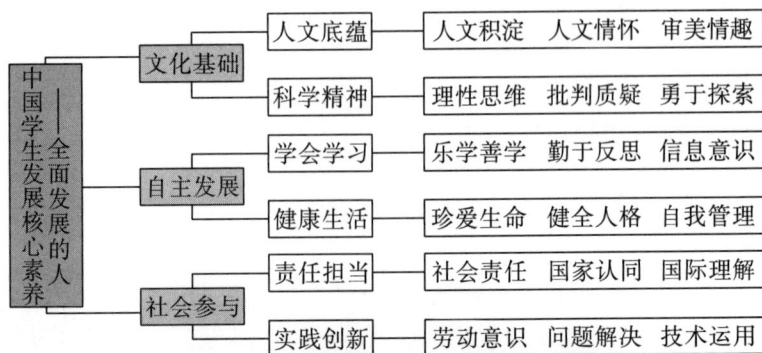

图 2-1　中国学生发展核心素养基本要点

（二）学科核心素养

2018 年 1 月教育部发布《普通高中课程方案和语文等学科课程标准（2017 版）》，首次凝练提出"学科核心素养"的新概念。

学科核心素养是对中国学生发展核心素养的细化及拓展，生动反映了学科内在的本质和思想，具有学科独特价值，是为培育全面发展、满足社会需要的人而提出的关键素养。

学科核心素养是学科育人价值的集中体现，是学生通过学科学习而逐步形成的正确价值观念、必备品格和关键能力。其中，关键能力属于智力因素，必备品格属于非智力因素，正确价值观念属于价值取向。三者在真实情境中，共同致力于解决复杂问题。

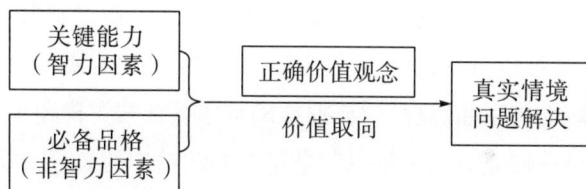

图 2-2　学科核心素养关键要素关系图

2020 年，教育部对《普通高中课程方案和语文等学科课程标准（2017 版)》进行修订，凝练了各学科的核心素养，并制定了各学科的质量标准。高中 15 门学科的核心素养见表 2-1。

表 2-1　普通高中学科核心素养

学科	语文	数学	英语	物理	生物
核心素养	语言建构与运用 思维发展与提升 审美鉴赏与创造 文化传承与理解	数学抽象 逻辑推理 数学建模 直观想象 数学运算 数据分析	语言能力 文化意识 思维品质 学习能力	物理观念 科学思维 科学探究 科学态度与责任	生命观念 科学思维 科学探究 社会责任

学科	化学	历史	地理	思想政治	艺术
核心素养	宏观辨识与微观探析 变化观念与平衡思想 证据推理与模型认知 科学探究与创新意识 科学态度与社会责任	唯物史观 时空观念 史料实证 历史解释 家国情怀	人地协调观 综合思维 区域认知 地理实践力	政治认同 科学精神 法治意识 公共参与	艺术感知 创意表达 审美情趣 文化理解
学科	音乐	美术	体育与健康	信息技术	通用技术
核心素养	审美感知 艺术表现 文化理解	图像识读 美术表现 审美判断 创意实践 文化理解	运动能力 健康行为 体育品德	信息意识 计算思维 数字化学习与创新 信息社会责任	技术意识 工程思维 创新设计 图样表达 物化能力

各学科核心素养构成要素之间具有内在的联系，高度概括了各学科的观念、思维方式、特征以及育人价值。例如，化学学科核心素养"宏观辨识与微观探析""变化观念与平衡思想""证据推理与模型认知"描述了化学学科观念和思维方式，"科学探究与创新意识"是化学实践精神的表征，"科学态度与社会责任"是对化学价值取向的刻画，是化学学科整体育人功能和价值的具体表现。

（三）灵动

《现代汉语词典》（第7版）对"灵动"的解释是"活泼不呆板，富于变化"。

当"灵动"被运用于教育领域，笔者认为，"灵"就是指教师要活用教材、教学方法、教学手段，教学思维要灵活，组织课堂要灵活、灵巧、灵透、有灵性，从而达到培养学生灵气的目的；"动"就是学生的学习过程要自动、主动、互动、群动，从而达到师生身心俱动；二者合而为一，就是灵活生动，富有活力和创造性。这是灵动课堂的外显形态。

以"灵动"的教与学，搭建教师与学生共同成长的平台，让教学充满生命活力，在师生、生生的互动对话中，形成思维的"短兵相接"、智慧的"碰撞"，实现知识的创新与升华，最大限度地发挥学生学习的主动性和创造性，让学生真正活起来、动起来，以达到"以学活教，心动课堂，心随课动，课随心动”的美好境界。正如苏联教育家苏霍姆林斯基所说：只有能够激发学生去进行自我教育的教育，才是真正的教育。真正的教育不是教师"牵"着学生走，而是学生学会自己走，这样才能走得更远。

（四）"灵动三元"

"灵动"是学校教育教学的价值追求和核心理念，"三元"是"灵动"落地的操作措施。"灵动三元"是符合新课程改革的全新理念，旨在构建以学生的学为中心的助学课堂、让学生能健康成长的"自由空间"，实现教学模式从"学科中心"向"能力中心"转移，育人方式从"知识本位"向"素养本位""发展本位"转变，让学生的全面发展、终身发展成为教师触手可及的教育境界。

"灵动三元"包括"心动元""主动元""互动元"三个相对独立又相互联系的助学活动元。每个活动元既承担着各自不同的助学功能，又共同构成灵动的理想课堂。"心动元"强调心动入境，以"真实情境"作为核心知识的载体，指向真实问题情境、学科理解，助学习动力，让学生好学、乐学；"主动元"强调以"主动探究"作为能力提升的途径，指向自主、合作、探究问题解决方式，助学习方法，让学生会学、活学；"互动元"强调以"对话交流"作为学习评价的方式，指向"质疑—讨论—反馈"的知识建构过程，助学习思维，让学生善学、优学。

"灵动三元"相互独立又有机融合。在正确理解"心动元""主动元""互动元"的关系的基础上，将学科核心素养与"灵动三元"联系起来，才能更好地彰显学科价值、优化课堂教学模式。

（五）助学课堂

"助学"是"以学为本，以教为助"，强调学习是学生自己的事，最好的学习是自主、能动、有意义的建构性学习；教学的作用是促进、催生这一行为的发生。学习不再是由教师向学生传递客观、现成知识的过程，而是激活学生自发、主动建构知识的过程。正如《教育3.0》所言：教育的终极目的是使人成为一个自由的终身学习者。一个受过教育的人，应该是一个学会了学习的自我导向的终身学习者，一个有权利也有能力自由学习，且面对未知勇敢探索的人。

在"灵动三元"助学课堂中，借助教师的引导，学生能通过"心动元""主动元""互动元"三个助学活动元，基于自己原有的知识经验，进行知识的主动选择、加工改造、重组转换，"生长"出新的、有个人意义的知识体系。助学的媒介是教师精心设计的学历案。

二、"灵动三元"助学课堂的理论基础

（一）建构主义学习理论

近年来，建构主义已经成为教育技术领域一种非常受重视的理论倾向。戴维·乔纳森对建构主义理论做了这样的解释："实在无非是人们的心中之物，是学习者自己构造了实在或至少是按照他的经验解释实在。每个人的世界都是由他自己的思维构造的，不存在谁比谁的世界更真实的问题，人们的思维是工具性的，其基本作用是解释事物和事件，这些解释构成了因人而异的知识库。"① 从这可以看出，建构主义强调"知识建构"，认为知识是个体与外部环境相互作用的结果，知识的累积是一个必然的过程，但不是知识的简单堆积，而是原有知识的深化、突破、超越和质变。在建构主义的视野里，学习是学习者以自身已有知识和经验为基础的自主的知识建构活动，学习者不是简单、被动地接受刺激，而是需要对接收到的信息进行选择和加工，并且依据个体原有的知识经验，对新信息进行编码，建构自己的理解，原有的知识体系也会由于新信息的加入而发生调整和改变。通过这样的新旧知识反复的相互作用，个体建构了自己的知识，或者说意义。

建构主义学习理论则是由瑞士心理学家让·皮亚杰在研究儿童认知发展的基础上提出的。他认为，认知发展包括同化、顺应和平衡三个过程。儿童就是通过同化和顺应，与外界环境寻求一种认知水平的平衡。当新信息与原有知识同化时，就处于平衡状态；当原有知识结构无法接纳新信息时，就处于不平衡

---

① 邱红艳、孙宝刚：《现代教育技术》，重庆大学出版社，2020年版，第10页。

状态；最后，当原有知识结构改变、重组、顺应了新的信息时，就又达到了新的但更高水平的平衡状态。

基于建构主义理论的学习不是教师向学生传递知识的过程，而是学生建构自己的知识的过程。建构主义强调学生在学习活动中的积极作用，学生不是被动的、消极的知识接受者，而是主动的、积极的知识探究者；教师的作用就是要营造有助于学生独立探究的情境，让学生自己寻求问题解决的思路和途径。

"灵动三元"助学课堂正是通过教师精心设计的"心动元""主动元""互动元"，以真实问题情境为导向，让学生在自主、合作、探究的学习活动中，真切体会知识的习得过程，建构核心知识框架，主动积极地探求解决问题的方法，发展学科核心素养。

（二）人本主义教育理论

人本主义教育理论兴起于 20 世纪五六十年代，罗杰斯是人本主义心理学及教育学的重要代表人物人物之一。他的人本主义教育理论由人本主义教育理念、人本主义的师生关系思想、人本主义的学习论、人本主义的教学评价模式四个部分组成。其中，人本主义教育理念强调，教育要观照人的终极成长，促进人的"自我实现"，培养"完整人格"。人本主义的师生关系思想指出，学生是学习的主导者，教师则是学生学习的协助者和伙伴，对学生的学习起到鼓励、帮助、促进的作用，对学生个体充满爱与尊重、理解与包容，不应是领导者、命令者和操纵者，师生关系应是和谐的。人本主义的学习论将学习分为了两类，一类近似于心理学上的无意义音节学习，另一类则是意义学习，即一种使个体行为、态度、个性乃至未来的行动方针发生重大变化的学习。人本主义的教学评价模式并不指向一个固定的模式，而是将重心放在让学生从自身兴趣、个性发展等方面主动地与自己进行纵向的比较，以便全面认识自己的过去，合理、科学地规划自己的未来。①

总的来说，人本主义教育理念以个体的整体发展与自我实现为最终目的，注重将情感贯穿于教育过程之中，反对单纯主知、主智的倾向，突出强调学生

---

① 何志武：《人本主义教育理论的主要观点及其应用》，《重庆科技学院学报》（社会科学版）2010年第 11 期。

个体的主体地位与自主作用,认为思维活跃、不失自由且拥有健康心灵与完整人格才是该角色的应有之义。

"灵动三元"助学课堂中,教师能充分调动学生的积极性与主动性,引导学生自发而主动的学习。例如,"互动元"中的对话设计与引导正是罗杰斯"非指导性"教学模式的体现,能让学生感受到自由的氛围,在自由提问与自由表达的过程中逐渐提升"自我"的地位。其间,教师变为学生对话的主持者、引导者,在学生质疑、交流的互动对话中,评估学生对于核心知识的理解效果,将评价内容从结果转移至过程,能有效提高教与学的质量,满足学生"自我实现"的需要。

(三)对话教学

对于"对话教学",学术界的定义是多元的。张增田和靳玉乐认为,"对话教学是相对于传统'独白式'教学而言的,是以'沟通性'的'对话'为其本质的教学……究其实质,是指师生在真正民主、平等、宽容的氛围中,以言语、理解、体验、反思等对话方式在经验共享中创生知识和教学意义,提升人生品位、境界及价值的教学形态……是一种尊重主体性、体现创造性、追求人性化的教学"。[①] 张华指出:"对话教学不是一种具体的教学模式、方法或技术,而是一种融教学价值观、知识观与方法论于一体的教学哲学……是师生基于关系价值和关系认知,整合反思与互动,在尊重差异的前提下合作创造知识和生活的话语实践。"[②] 朱德全、王梅则认为:"从存在论角度理解,对话教学是一种超越'它'(世界)与'你'(世界)建立精神上相遇关系的教学,也就是师生间思维上的相互转向、心灵上的相互回应的教学;而从认识论的角度理解,对话教学则是一种开放、自由探究的理性思维碰撞,也是对话主体共同参与寻求真知灼见并在此过程中启动、延伸睿智的教学。"[③]

无论是哪种定义,都能看出:对话教学以人的发展为目的,着眼于人的生命建构,为学习者健全丰富精神世界、自由充实地发展提供了极大可能;对话

---

① 张增田、靳玉乐:《论新课程背景下的对话教学》,《西南师范大学学报》(人文社会科学版)2004年第5期。
② 张华:《对话教学:涵义与价值》,《全球教育展望》2008年第6期。
③ 朱德全、王梅:《对话教学的模式与策略探析》,《高等教育研究》2003年第2期。

教学的情境下，师生、生生之间不仅有知识的交流，而且也存在情感、审美、价值观等方面的交流、建构和提升。学生相互之间的思维碰撞，学生从与教师对话中获得的温暖亲切的内心感受，与教材文本对话时获得的心灵震撼和强烈的共鸣，不仅能带来知识的增长，也会让精神得到洗礼，继而进入更高的境界。

"灵动三元"助学课堂的教学设计与助学案是教师与文本深度对话的结果。在"灵动三元"助学课堂中，通过生本对话、生生对话和师生对话，教师能更全面地关注学生的学习过程，尤其在"互动元"环节，能用心倾听学生的对话，获得学生主动参与、高阶思维锻炼、深度学习的评估证据，进而及时做出调整和指导。

（四）活动元教学

《春秋繁露·重政》中有言，"元者为万物之本"。[①] 杨金鼎主编的《中国文化史词典》指出"元"指万物资始之本原。[②] 活动元以"元"为词尾，足以彰显其本原性。张仁波认为，"活动元是根据人类活动规律提出的"，人们"根据活动内容及活动的诸多目标把较为复杂的活动过程设计成若干个活动因子。每个活动因子都是一个完整的活动过程，许多活动元构成活动库，从而完成整体活动"，而"活动元教学是活动元思想在教学上的体现和延伸"。[③] 傅兴春提出："活动元是指在教学中为完成某一学习任务中的一个或几个子任务，而进行的相对独立的学习活动。这种活动以学生为中心，以学习任务为背景来进行。"[④] 从这些定义可知，活动元的主体是学生，核心是活动。活动元教学是以活动元为基本单位促进学生亲历活动以形成结构性认识的过程。在活动元教学的过程中，教学重点已从传统教学中的设计教师的"教"转移到了设计学生的"学"。

此外，从元认知理论看，元认知是对认知的认知，即认知个体对自身认知

---

① 董仲舒：《春秋繁露》，上海书店出版社，2012年版，第139页。
② 杨金鼎：《中国文化史词典》，浙江古籍出版社，1987年版，第515页。
③ 张仁波：《"活动元"教学与发展学生个性的若干思考》，《福建教育学院学报》2008年第3期。
④ 傅兴春：《以活动元为基础的课堂教学设计新模式研究》，《厦门教育学院学报》（综合版）2005年3期。

活动的自我意识和自我调节。因此，活动元中的"元"应该包含对活动及活动结果的认知。学科核心素养是基于学生发展提出的，从发展的角度看，学生需要对学习活动进行自我反思、监控和调节，形成自身经验认知。基于此，活动元不仅包含学习活动，还包含活动评价，有了"元"，活动才会发生意义。

"灵动三元"助学课堂中的"心动元""主动元""互动元"既强调活动的主要形式，也包括对活动结果的认知，是学习主体通过亲历活动、完成相应学习任务达成学习目标的学习过程。

（五）深度学习

深度学习是学习者在一定的问题情境下，围绕着具有挑战性的学习主题，主动学习、积极参与，获得高级思维的发展和解决生活中实际问题的有意义的学习过程。

深度学习强调对于学科知识的深度加工，认为学习应该是"教"引导下的"学"；强调只有将核心知识和基本技能顺利地迁移到解决真实问题的过程中，才能促发高阶思维；强调深度整合学习过程与行为；强调高度投入、全程参与学习活动，在学习活动中不仅要外显情绪和态度，更要表现内在思维的深度参与；强调学习触及心灵深处，以触发深层兴趣、情感和思维，调动深层动机与切身体验，实现从深度理解到实践创新。

深度学习目标包括掌握核心知识、培养批判性思维、增强解决复杂问题的能力、获取有效的沟通与合作、学会学习、发展积极的学习心智等。简单来说，深度学习有利于学生掌握学科的核心知识，理解学习的过程，把握学科的本质、思想、方法，形成积极的内在学习动机、正向的社会情感、正确的价值观，成为既具有独立性、批判性、创造性，又有合作精神、基础扎实的优秀学习者，进而成为未来社会历史实践的主人。

"灵动三元"助学课堂强调教师开展深度研究，以此为基础设计教学，在教学设计中突出对真实情境的创设，对解决真实问题的主题活动的设计，在教学过程中强化对小组合作的指导，对学生探究的引导，对学生理解程度的评估，以此引导学生深度参与，培养学生的高阶思维，增进学生对学科的理解。

第三章 "灵动三元"助学课堂
的结构与特征

一、"灵动三元"助学课堂的结构

教学是教师与学生双向奔赴的过程，教与学具有相融性。如图 3-1 所示，"灵动三元"助学课堂强调教师与学生的共同成长，从教学的全过程看，强调课前、课中和课后的师生的共同努力。具体到一节课，主要体现为：课前，教师研教，学生预习；课中，教师导学，学生灵动地习得知识与能力；课后，教师测评，学生巩固反思。教师研教的结果是基于研读课标、研思教材、研析文献、研究实验、研制微课"五研法"设计教学和"灵动三元"助学案，学生学习的载体是"灵动三元"助学案。

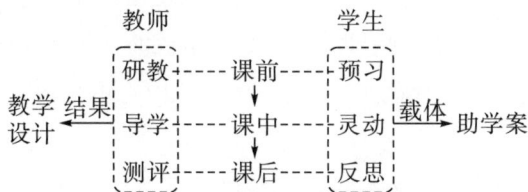

图 3-1 "灵动三元"助学课堂基本结构

二、"灵动三元"助学课堂的特征

"灵动三元"助学课堂的核心是"灵动助学"，即以学生为主体，充分尊重学生的个体差异。"灵动三元"包括"心动元""主动元""互动元"三个相对独立又相互联系的助学活动元，每个活动元承担着各自不同的助学功能，三"元"之间既有内涵的交叉，又有逻辑的攀升，体现出激发、参与、运用各有侧重的三环节。

（一）以"真实情境"作为核心知识的载体

《普通高中课程方案》指出，"关注学生学习过程，创设与生活关联的、任务导向的真实情境，促进学生自主、合作、探究地学习"[①]，"引导教学更加关注育人目的，更加注重培养学生核心素养，更加强调提高学生综合运用知识解决实际问题的能力"[②]。

《中国高考评价体系》将考查的内容凝练为"四层"，即"核心价值、学科素养、关键能力、必备知识"。在对"四层"的阐述中都明确指出了"情境"。核心价值是指即将进入高等学校的学习者应当具备的良好政治素质、道德品质和科学思想方法的综合，是在各学科中起着价值引领作用的思想观念体系，是其在面对现实的问题情境时应当表现出的正确的情感态度和价值观的综合。学科素养是指即将进入高等学校的学习者在面对生活实践或学习探索问题情境时，能够在正确的思想价值观念指导下，合理运用科学的思维方法，有效整合学科相关知识，运用学科相关能力，高质量地认识问题、分析问题、解决问题的综合品质。关键能力是指即将进入高等学校的学习者在面对与学科相关的生活实践或学习探索问题情境时，高质量地认识问题、分析问题、解决问题所必须具备的能力。必备知识是指即将进入高等学校的学习者在面对与学科相关的生活实践或学习探索问题情境时，高质量地认识问题、分析问题、解决问题所必须具备的知识。

《中国高考评价体系》明确指出，情境是高考评价体系中的考查载体，包括情境和情境活动。情境即问题情境，指的是真实的问题背景，是以问题或任务为中心构成的活动场域。情境活动是指人们在情境中所进行的解决问题或完成任务的活动。可见，在新课程理念下，不论从"学"到"考"，还是从学生

---

① 中华人民共和国教育部：《普通高中课程方案》（2017年版2020年修订），2020年版，第11页。

② 同上书，第5页。

的终身发展来说，面对现实的问题情境，培养其所需要的知识、能力、思维、品质、价值观念都是高中课堂教学关注的核心。核心素养视角下的学习不再是知识的简单累加，而是学生个体与学习情境持续互动，不断应用学科知识、学科技能、学科思维解决问题和创生意义的过程。

目前，创设情境面临一些问题。第一，设置的问题情境过于简单，缺乏对学生思维的引导，如"你知道吗""对吗""是不是"等。这样的提问，只能让学生停留在简单、浅层思考的层面，甚至是简单地附和，营造出课堂很"热闹"的假象，而实际上部分学生可能根本没有理解知识，更谈不上掌握课堂的重难点，导致学生出现"听懂了，但不会解决问题"的情况。久而久之，学生信心受到严重打击，对教师设置的问题情境出现"审美疲劳"，促使教师去挑选更轻松活泼的情境激活课堂，导致恶性循环。第二，设置的情境碎片化，缺乏联系。一节课中，教师设置了很多情境去丰富课堂，提出了很多问题，但这些情境都是孤立的、缺乏联系，学生在学习的过程中很难把这些情境整合在一起，导致学生所学的知识支离破碎、前后脱节。学生把握不住课堂的重难点和易考点，逻辑思维能力也得不到培养，学习起来很吃力，只能靠死记硬背去提升学科的学习成绩，引起思维的僵化。随着学习内容的逐渐增多，知识联系越发紧密，学生光靠死记硬背便会无所适从，成绩直线下滑，谈何提升核心素养。第三，缺乏对情境素材的深度思考和分析。在教学过程中，教师设置了一个很好的情境，但没有引导学生去思考和讨论，没有设置启发式问题激发学生的思维活动。

针对这三个问题，"灵动三元"助学课堂注重三个层次情境教学的创设探究，引导学生灵动学习。

第一层，情感共鸣情境。创设生活情境、生产情境、文化情境、科研情境等，给学科知识披上体现现实性的"外衣"，激发学生兴趣。"心动入境"助学习动力，让学生好学、乐学。

[例]

在化学课"弱电解质的电离平衡"的教学中，创设生产生活中定期去除水垢的情境。通过呈现水垢图片，播放相同浓度的醋酸和盐酸与等量水垢反应的微距实验视频，引发学生思考：相同浓度的一元酸盐酸和醋酸与水垢反应的速率为什么不同？

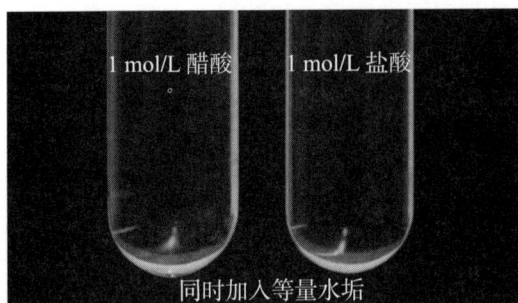

图 3-2　相同浓度的醋酸、盐酸与等量水垢反应微距实验视频截图

［例］

在物理课"自由落体运动"的教学中，以新闻发布会的形式体现亚里士多德与伽利略的不同观点。一个学生扮演亚里士多德召开"自由落体运动"新闻发布会宣布结论，一个学生扮演前来质疑的伽利略。教师抛出问题：伽利略的想法能不能得到验证呢？他当时是如何进一步探索自由落体运动的呢？

图 3-3　自由落体运动教学情境

第二层，复杂的学习（知识）情境。学科知识的融合，可能没有生产生活的"外衣"，乍看起来还是学科知识，但是涉及多个学科知识点的融合，利用系列问题串联学科知识，需要有一定的迁移应用能力，培养学生敏锐的洞察力。

［例］

在生物课"动物和人体生命活动的调节"的教学中，以电影《鲁滨孙漂流记》片段设计系列问题：鲁滨孙流落的荒岛叫"绝望岛"，是靠近赤道的一座荒岛，那么在白天气候炎热的时候，鲁滨孙的机体是如何让他的体温维持相对稳定的呢？晚上气温较低的时候，他的机体又会出现什么变化呢？如果你是鲁滨孙，你可以怎么做？通过这样一系列问题，引导学生去整理调节体温的知识点，构建出概念模型。教师继续设计问题：鲁滨孙在荒岛上经常挨饿，这个时候他的机体是如何维持血糖平衡的？鲁滨孙在寻找食物的过程中大量出汗、饮水不足时，他的机体又会做出什么样的反应？当他在荒岛上感染一些细菌、病毒后，又会怎么样？通过这样一系列问题，引发学生去思考。用这样一个情境把血糖平衡的调节、体温平衡的调节、水盐平衡的调节、免疫调节等一系列重难点知识融合在了一起，并将这一情境贯穿于整个课堂教学过程中，让学生学得更轻松，也更愿意去思考，培养学生的科学思维和生命观念。

第三层，应用情境。重建结构化认知情境，将学科知识结构转化为学生的认知结构。将结果性知识进行分解，让学生在知识"解码"中重建知识产生的情境。通过学习活动，让学生自主地去建立对知识的结构化认知。这是整体化的情境创设，要求教师站在课程的视角，以全局的眼光，从单一教学环节走向整体地、综合化地设计学习任务，真正着眼于知识的育人价值和学生的素养培养。

［例］

在化学课"铁盐和亚铁盐的性质"的教学中，教师抛出疑问："为什么补铁剂不能和浓茶同时服用？为什么维生素C与补铁剂同服效果会更好？"高二的学生对铁元素的相关知识点并不陌生，但面对这种突如其来的知识应用情境，还是显得有些措手不及。于是，一场有关铁元素的主题式学习就此展开。学生以"互助合作小组"为单位，进行自主、合作、探究式学习。

［例］

在化学课"二氧化硫的性质"的教学中，以硫酸型酸雨为应用情境，融入二氧化硫的物理和化学性质，通过了解硫酸型酸雨造成的危害，探索硫酸型酸雨的形成原因，讨论硫酸型酸雨的防治措施，培养学生宏观辨识与微观探析的学科观念、证据推理的学科思维方式、科学态度和社会责任，体现化学学科育人的功能和价值。

这三个层次的情境并非割裂的，而是在个体经验化、学习社会化、认知结构化的真实学习环境中实现教学的转向，着眼于学生面对复杂的未来世界和不确定的现实生活情境时综合素养的培育。营造真实学习情境，将学科知识与学生成长、社会发展紧密关联，将学科知识与个体经验、外界实际交互融合，引导学生积极地迁移运用学习内容，体现学科在个体长远发展中的奠基作用。

（二）以"主动探究"作为能力提升的途径

新课程改革强调改变课程实施过于强调接受学习、死记硬背、机械训练的现状，倡导学生主动参与、乐于探究、勤于动手，培养学生收集和处理信息的能力、获取新知识的能力、分析和解决问题的能力，以及交流与合作的能力。主动元设计注重对于课程标准的深度研究，针对具体的学习主题内容，依据学业水平要求设计实验研究学习、探究性学习等（表3-1）。

［例］

在"弱电解质电离"的教学中，针对学业要求"能从电离、离子反应、化学平衡的角度分析溶液的性质，能通过实验证明水溶液中存在的离子平衡，能举例说明离子反应与平衡在生产、生活中的应用"，设计三个环节，分别为发现电离平衡、认识电离平衡、应用电离平衡。三个环节的主动元均设计为实验研究学习。

表 3-1　"弱电解质电离"主动元设计思路

学业要求	主动元设计	
	学习内容解构	学生活动内容设计
能从电离、离子反应、化学平衡的角度分析溶液的性质，能通过实验证明水溶液中存在的离子平衡，能举例说明离子反应与平衡在生产、生活中的应用	认识强弱电解质的电离特征	实验：相同浓度的盐酸和醋酸溶液与镁条反应的现象 实验：0.1 mol/L 的盐酸和醋酸溶液的 pH 测定实验
	证明弱电解质的电离平衡，能从化学平衡等角度分析溶液的性质	实验：设计实验证明醋酸溶液中存在醋酸的电离平衡 实验观察分析：成倍稀释醋酸溶液和盐酸时 pH 的变化，揭示稀释对电解质电离的影响
	能举例说明电离平衡在生产、生活中的应用	实验观察与分析：从葡萄皮中提取花青素，观察其与酸和碱相遇显示不同颜色的性质 实验：验证红葡萄酒中含有花青素

项目式学习也是提升能力的重要路径。它是在教学设计中以真实生活情境中的问题为驱动，以学生自主学习、合作探究为基础，通过项目的设计与实施来解决实际问题的动态学习过程，是获得真实、具体的学习成果的一种研究性学习方式。在项目式学习中，学生组建团队，主动探索现实世界的问题和挑战，一般按 4 个关键环节来完成项目实践，即提出问题（Propose）、规划方案（Plan）、解决问题（Execute）、评价和反思（Judge）。

在项目式学习中，项目是主线，学生是主体，教师是协助者。学生在教师的协助下，人人参与项目实践，通过自己的探究设计、分析推理、实践验证（实践、思考、分析、推理），主动寻找获取学习结果的途径，最终得到结果。在这个过程中，学生有很大的自主权，自己制订项目方案，在实践反思中不断修正项目方案，并通过交流展示和评价反馈完成项目学习，从而提升自己对真实世界的思考力和观察力，培养自主参与、合作探究、团队协作、批判创新、计划执行、解决问题的能力。项目式学习注重的是完成学习的过程，而非最终得到的学习结果。在这个过程中，师生的角色实现了互换，学生唱"主角"，教师饰"配角"。学生由原来的"被动接受，依赖老师"变成了现在的"主动探究，互助协作"，学习的积极性极高；教师也由课堂的"主宰者"变成了学习过程的引导者、协助者和监督者，为学生的学习提供大方向的指导，帮助学生顺利完成项目。

[例]

"研究补铁剂中铁元素的价态"的项目式学习，引发化学学科知识与生活实际的奇妙联系，引发学生的一场知识大"PK"。

"补铁剂含有铁离子。""不，应该是既有铁离子，又有亚铁离子。"教室里不断传出学生的热烈讨论声。学生以小组为单位收集资料，提出了猜想，接下来要设计出各自的方案来进行验证。一场围绕铁元素的知识较量开始了。

每个小组都有明确的分工，每个学生都承担相应的"角色"：有负责收集补铁剂产品的，有查阅相关资料设计试验方案的，有做项目汇报的……其实这是成都市郫都区第四中学化学教师吴佳玲"铁元素"项目教学的第一步——通过抛出课题，撬动学生的学科思维，激发学生探究学科知识的兴趣。

到实操阶段，很多学生都发现自己设计的方案或多或少地存在问题，如实验用品选择不当、实验步骤不正确等，都会对实验效果造成影响。这时小组成员之间的合作学习显得至关重要，学生通过相互的讨论和辨析，很快调整了方案并进一步优化。这样的交流过程也让学生得到了不少"意外收获"，如有小组发现，之前设计的实验用品制备过程不环保，可以用生活中常见的 84 消毒液稀释后代替。

有趣的是，项目学习的"收官"，是每个小组围绕自己项目的探究过程进行的交流汇报。在这里，学习的评价不再是教师的"专属"，学生也可以评价。大家都有权质疑汇报小组，被质疑的小组需要解答这些疑问，这对学生的知识点掌控能力也是一种有效的检测方式。

从方案确定到实验验证再到交流反思，为期一个月的项目式学习就此完结。这一项目式学习课程，几乎涵盖了高二年级"铁及其化合物"专题的大部分知识点，让学生由被动接受变为主动探究。学生不仅了解到有关铁元素的知识，也发现了化学知识与生活之间的奇妙联系，提高了学科学习兴趣。

表 3-2　学生完成的项目方案

1. 项目启动	用不同的方法研究补铁剂中的铁元素的价态
2. 查阅资料分解任务	补铁剂是什么？补铁剂如何分类？
3. 提出猜想，设计方案	猜想一：补铁剂含有铁离子 猜想二：补铁剂含有亚铁离子 猜想三：补铁剂既含有铁离子，又含有亚铁离子

续表

4. 组内辨析，确定方案	第一小组：用铁氰化钾（$K_3[Fe(CN)_6]$）检验是否含有 Fe^{2+} 第二小组：用氢氧化钠（$NaOH$）检验 Fe^{2+} 和 Fe^{3+} 第三小组：用 84 消毒液和 KSCN 检验 Fe^{2+} 和 Fe^{3+} 第四小组：用 H_2O_2 和 KSCN 检验 Fe^{2+} 和 Fe^{3+} 第五小组：用 $KMnO_4$ 和 KSCN 检验 Fe^{2+} 和 Fe^{3+}	
5. 实验研究，实施方案	（1）选择适宜的补铁剂 （2）样品预处理的方法	
6. 项目汇报，评价反思		
7. 项目总结及反馈		

通过研究补铁剂中铁元素的价态，学生知道了研究性实验的一般流程，由被动接受知识变为主动参与研究，不仅提高了学习兴趣，知识理解也更深入。这一过程充分强化了学生的化学学科核心素养。

（三）以"对话交流"作为学习评价的方式

学习评价是教育教学中至关重要的一环，不仅能帮助教师获取教学信息、改进教学方法、保证教学质量，还能帮助学生优化学习策略、改善学习方法、提高学习能力。在新课程改革的实践过程中，课堂教学评价是尊重学生的主体地位，激励学生主动学习的热情，促进学生全面发展的重要环节和手段；也是充分发挥教师主导作用、促进教师改进教学方式的有效途径。

传统的学习评价片面强调评价的甄别和选拔功能，唯分数论，唯升学论，使得学生学习压力增加。"三新"理念下的学习评价，强调评价主体的多元化、评价形式的多样化、评价内容的全面性、评价标准的分层性；提倡以形成性（过程性）评价为主，终结性评价为辅，定量评价、定性评价相结合；关注学生的个性差异，注重评价的及时性、激励性、有效性。

"灵动三元"助学课堂在实施环节中，注重形成性评价，以促进教学的灵动、高效。课题组探究的形成性评价强调从被评价者的需求出发，帮助学生根据学习目标的达成情况有效调控学习过程，帮助教师明确教学活动运行中存在的问题，及时调整活动计划、助学方式，以期获得更加理想的教学效果。

"灵动三元"助学课堂研究还高度关注学生个体发展的差异性和不均衡性，

落实评价内容的全面性和评价标准的分层性，既关注学生对学习知识的掌握、学习方法的运用、学习能力的提升，又关注学生的情感、态度、价值观的正向性、积极性。

一方面，"互动元"设计中注重表现性评价任务的设计，以此评估学生的理解程度；"主动元"设计中更加注重对学生完成性评价任务的设计，通过学生完成任务的情况对学生进行评价，让他们解释所学习的内容并给出合理理由来支持他们的解释，教师通过学生互动表现评估他们是否理解了所学内容。表现性评估任务的设计依据是课程标准、学业要求。

[例]

"弱电解质的电离"的课程目标为，通过让学生画微观图示、解释宏观现象等具体任务，考查学生对水溶液体系认识的障碍点，帮助学生形成并发展微粒观、平衡观和守恒观。为此，教师利用微观图示法描述 HCl 和 CH_3COOH 的电离特征，让学生理解弱电解质电离平衡情况，见图 3-4。学生需要绘制图像，并对此作出解释。

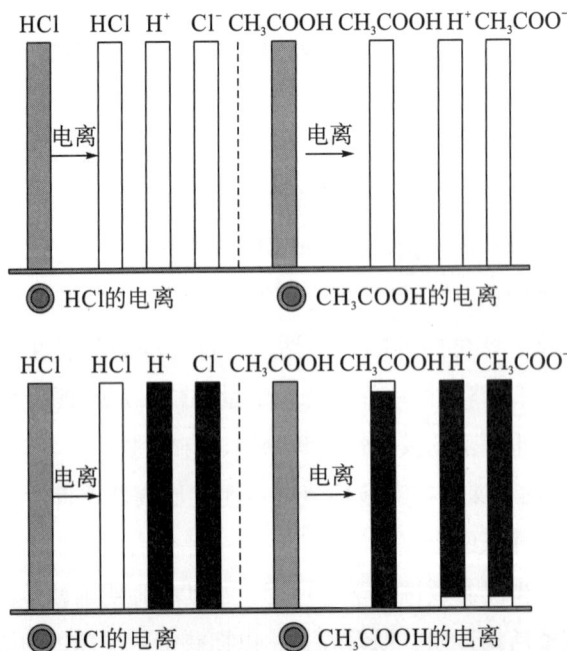

图 3-4　HCl 和 CH_3COOH 电离的微观图示

基于学生的表现，可以探察学生对电离平衡的理解程度。3 份典型作业均能准确描述强电解的电离特点，即完全电离产生 H⁺ 和 Cl⁻，但对弱电解质的电离却反馈出 3 个理解层级。已通过宏观现象、微观探析和微观图示认识了弱电解质和强电解质的不同电离特征，见图 3－5。教师设计这一任务正是想评估学生是否能基于微粒观、平衡观、守恒观来理解弱电解质的电离特征。

图 3－5　电解质电离特征认识的宏微视角

学生作业①：HCl 完全电离，因此 HCl 溶液中无氯化氢分子，全部是氢离子和氯离子；醋酸是弱电解质部分电离，因此既有醋酸分子也有氢离子和醋酸根离子。

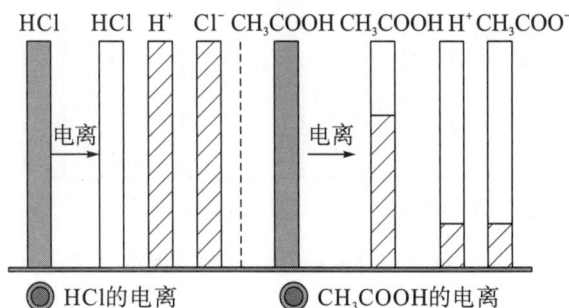

图 3－6　学生作业①的微观图示

评估结果：学生 A 已经理解强电解质完全电离，能基于微粒观和平衡观初步认识弱电解质的电离特征。

学生作业②：HCl 完全电离，因此 HCl 溶液中无氯化氢分子，全部是氢离子和氯离子；醋酸是弱电解质部分电离，电离程度较小，因此有比较多的醋酸分子和少量的氢离子和醋酸根离子。

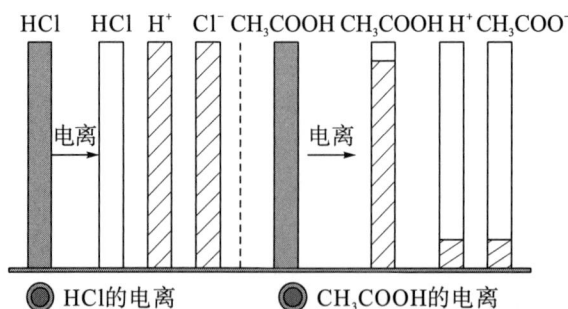

图 3-7　学生作业②的微观图示

评估结果：学生 B 已经理解强电解质完全电离，能基于微粒观和平衡观理解弱电解质的电离特征，并关注到电离程度的大小。

学生作业③：HCl 完全电离，因此 HCl 溶液中无氯化氢分子，全部是氢离子和氯离子；醋酸是弱电解质部分电离，电离程度较小，因此有大量的醋酸分子和极少量的氢离子和醋酸根离子，而且醋酸分子和醋酸根离子的和应该等于电离之前的醋酸分子，反映到柱状图中，即醋酸分子和醋酸根离子涂黑的部分相加应该等于柱的总长。

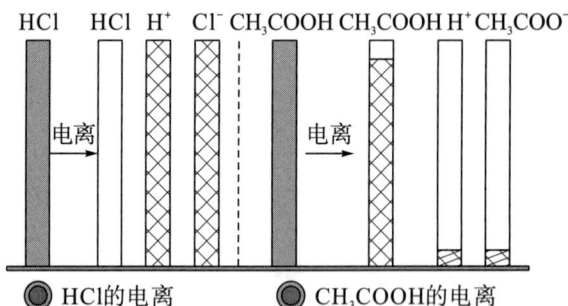

图 3-8　学生作业③的微观图示

评估结果：学生 C 已经理解强电解质完全电离，能基于微粒观、平衡观和守恒观理解弱电解质的电离特征。

这一评估结果令任课教师喜出望外。因为这一方式不仅对当下学生对知识点的学习理解程度作出了评估，同时也对学生的思维水平作出了客观评价，有助于教师后续实施分层教学，真正做到用评价指导教学。

从设计的角度看，理解要求围绕困惑、问题和难题建立单元，要求学生给出自己的见解和解释，如在基本问题的学习和有效的动手动脑科学项目中获得的解释。使用图示法评估的暗示是很明显的，要求学生独立解释所学内容而不仅仅是对知识的回忆、再现；将具体的事实和更具规律性的观点联系起来，而且需要证明这种联系是合理的；展示工作过程，而不是仅仅给出答案；用证据支持自己的结论。

另一方面，互动元中注重对学习全过程的评价，将学生自评、互评相结合。有效的评价，能充分发挥激励、导向、调控等功能。"灵动三元"助学课堂模式，开展学生自评、学生互评、教师评价三种模式相结合的形成性评价探究，有效地实现了学生从"被动接受评价"向"主动参与评价"的转变，极大地激发了学生学习的积极性和参与的主动性，切实增强了学生的自信心，强化了学生的自我认知，使学生学习有动力、有目标、有方法，教师教学有成效。

[例]

在"研究车用燃料与安全气囊"的教学中，教师在学生完成课内学习和课外学习两个环节后，分发给每位学生一份学习评价量表（表3-3），要求学生就本节内容进行自评和互评，然后教师再进行鼓励性评价。

表3-3　"研究车用燃料与安全气囊"学习评价量表

姓名：	小组成员：		
学习阶段	评价要素	自评	互评
课外学习	1．能了解人类使用燃料的历史，知道汽车动力系统的发展阶段		
	2．能了解新能源汽车的主要能源形式		
	3．能知道汽车尾气的产生、危害以及目前的主要防治手段		
	4．能了解"碳达峰""碳中和"的含义		
	5．能查阅资料，并处理资料筛选出有用信息		
	6．能准确地表达自己的想法，阐明自己的观点		
	7．能积极完成小组分配的任务，配合其他成员，体验到小组合作的乐趣		

续表

课内学习	1. 能知道不同燃料的燃点和热值不同、成本和环境友好程度不同，能根据实际选择车用燃料		
	2. 能从氧化还原反应分析汽车尾气处理的方式，从化学反应速率与限度的角度理解反应条件的控制在实际问题中的应用		
	3. 能根据已知条件设计原电池装置		
	4. 能按要求完成化学实验，操作规范，观察记录准确		
	5. 能对实验现象进行合理分析、解释		
	6. 能围绕实验结果清晰准确地与他人分享、交流		
	7. 能初步形成利用化学反应中的物质变化和能量变化解决实际问题的思路		
教师评价			

第四章　"灵动三元"助学课堂的设计

"灵动三元"助学课堂的设计主要致力于全面研究、分析和组织教学内容，通过"五研"——研读课标、研思教材、研析文献、研究实验、研制微课，厘清教学内容的基本构成与内部元素的关系，提取、挖掘更加丰富的教育情境，将静态的内容与动态的过程、生动丰富的情境融为一体，设计出先易后难、由浅入深的活动单元，助力学生的学习与理解。

一、研读课标

首先，研读学科核心素养与课程目标。这能帮助教师增进学科理解，了解学科对于学生发展的具体要求。各学科的核心素养构成均包括基本观念、思维方式与价值表现。例如，化学学科的核心素养包括"宏观辨识与微观探析""变化观念与平衡思想""证据推理与模型认知""科学探究与创新意识""科学态度与社会责任"5 个方面。其中，"宏观辨识与微观探析""变化观念与平衡思想"是化学学科的基本观念，"证据推理与模型认知"是化学学科的思维方式，"科学探究与创新意识"是化学学科的实践路径，"科学态度与社会责任"是化学学科的价值表现。各学科的核心素养是高中学生发展核心素养的重要组成部分，是学生综合素质的具体体现，反映了社会主义核心价值观引领下各学科育人的基本要求，全面展现了各学科课程学习对学生未来发展的重要作用。中学生学科核心素养的培育是一个持续的过程，需要通过具体的课堂教学来落实。

其次，研读具体教学主题。这能帮助教师认识该教学主题内容要求与学习目标。教学提示中明确指出了具体的教学策略、学习活动建议、情境素材建议。学业要求则明确了学生在学习本主题内容后应有的知识水平。

总之，研读课标可以帮助教师明确需要教哪些内容、指导学生做什么、最恰当的方式是什么、可用的素材有哪些，确定教学的程度。

[例] 生物课题 "果酒和果醋的制作"

1. 内容要求

（1）列举日常生活中运用传统发酵技术生产的食品。

（2）阐明发酵工程利用现代工程技术及微生物的特定功能，工业化地生产人类所需产品。

（3）举例说明发酵工程在医药、食品及其他工农业生产中的重要应用价值。

2. 学业要求

结合生活或生产实例，说出发酵工程、细胞工程和基因工程等生物工程及相关技术的基本原理（生命观念）；针对人类生产或生活的某一需求，尝试在发酵工程、细胞工程和基因工程中选取恰当的技术和方法，提出初步的工程学构想，进行简单的设计和制作（生命观念、科学探究）。

3. 教学策略

（1）通过学习发酵原理，回顾必修一相关知识。

（2）通过对实验设计、实验装置、实验步骤和注意事项的思考，养成严谨、科学、全面的思考习惯，形成无菌操作的思路。

（3）通过学习发酵技术，了解我国传统文化，培养文化自信和社会责任感。

[例] 物理课题 "磁场对运动电荷的作用力——洛伦兹力"

1. 内容要求

从 "安培力" 的左手定则当中，结合 "电荷的定向移动产生电流" 推导出适用于洛伦兹力的左手定则。

2. 学业要求

能用左手定则去判断洛伦兹力的方向，能简单地利用洛伦兹力公式计算洛伦兹力的大小（磁场与速度垂直的情况）。

3．教学策略

（1）通过实验观察，确定磁场对运动电荷确实存在力的作用。

（2）通过相互讨论和理论推导，对洛伦兹力的存在有一个初步的了解。

（3）通过演示实验、观察，来验证之前讨论分析的结果，形成洛伦兹力的概念。

（4）通过探究明确洛伦兹力和安培力之间的关系，深化对左手定则的理解。

（5）通过电流的微观表达式，推导出洛伦兹力大小的计算公式 $f_洛=qvB$。

（6）展示洛伦兹力在实际生活当中的应用，加深印象。

二、研思教材

教材是课程的物化形态和文本素材，是实现课程目标、培养学生学科核心素养的重要载体。在新课程标准下，人教版、鲁科版、苏教版三版教材均体现出基础性、时代性和人文性，能密切结合实际，体现了先进的教学理念，是教师教学的蓝本。在教学研究中，主要对比不同版本的教材，分析它们各自对教学主题的呈现形式，从章到节，了解教学内容的基本构成、地位和作用，了解内容的内部关系。以化学学科为例，重点分析同一教学主题下，不同版本教材对基本概念、原理和事实性知识的呈现方式，对学生实验的设计等。课题组对现在使用的人教版高中化学选择性必修1（2019 版）和人教版高中化学选修4（2007版）进行了对比分析，了解增加与删减的内容，有效地选取并组织教学内容。

［例］化学课题"弱电解质的电离"

表 4-1　"弱电解质的电离"教材分析

对比项目	人教版高中化学选择性 必修 1（2019 版）	人教版高中化学选修 4 （2007 版）
节标题变化	电离平衡	弱电解质的电离
内容标题变化	强电解质和弱电解质 弱电解质电离平衡 电离平衡常数	强弱电解质 弱电解质的电离

续表

对比项目	人教版高中化学选择性 必修 1（2019 版）	人教版高中化学选修 4 （2007 版）
篇幅变化	五页	四页半
实验 3－1 变化	盐酸、醋酸的浓度为 0.1 mol/L 增加了导电能力的实验	盐酸、醋酸的浓度为 1 mol/L
弱电解质的电离	描述了电离平衡的建立，影响电离平衡的外界条件；尤其指出，在谈到弱电解质的电离程度时，应当指明该弱电解质溶液中溶质的浓度和温度（如不注明，通常指 25℃）	用 $v-t$ 图表示了弱电解质电离平衡的建立过程；在思考与交流中，分别从正向与逆向描述了电离平衡建立过程中离子浓度的变化。
电离平衡常数	以近两页的篇幅，介绍了电离平衡常数的概念及意义，并以例题的形式阐述了电离平衡常数的计算	在科学视野中介绍了电离平衡常数；列举了不同酸的电离平衡常数

　　由表 4－1 可知，2019 版教材中的描述更加科学严谨。例如，在实验 3－1 中，将盐酸、醋酸的浓度调整为 0.1 mol/L，在学生没有系统学习 pH 的计算之前，更容易科学规范地表示不同浓度的酸溶液的 pH，让学生从定量的角度理解溶液酸碱性的强弱。又如，在弱电解质的电离平衡板块，明确指出了与其他平衡一样，当浓度、温度等条件改变时，电离平衡会发生移动，有助于学生主动地迁移应用勒夏特列原理分析平衡移动的认知模型。

　　将电离平衡常数列为一个独立的知识板块，并且以例题的形式介绍电离平衡常数的计算，能通过定量计算来揭示化学反应的本质，并体现"反应条件的控制是水溶液中的离子反应与平衡"的学科价值。

　　基于上述分析，本节教学内容可分为两课时，第一课时为弱电解质的电离平衡，第二课时为电离平衡常数。

　　［例］化学课题"化学反应进行的方向"

表 4－2　"化学反应进行的方向"教材分析

对比项目	人教版高中化学选择性 必修 1（2019 版）	人教版高中化学选修 4 （2007 版）
章节变化	第二章第三节	第二章第四节

续表

对比项目	人教版高中化学选择性 必修1（2019版）	人教版高中化学选修4 （2007版）
标题变化	化学反应的方向	化学反应进行的方向
本节总领性 的描述	"自然界一些过程是自发进行的，而且是有方向的"，从宏观现象"水自发从高处流下"过渡到"有些微观反应也能自发进行且有方向""如何判断化学反应自发进行的方向呢"，引出课题	介绍了本节的复杂性及学习的必要性，"反应还没有发生，需要对它是否能够发生做出判断……相互关联的焓判据和熵判据，为解决上述问题提供了必要的依据"，引出课题
焓判据	列举两个自发进行的放热反应，"通过实验知道，Ba（OH）$_2$·8H$_2$O晶体与NH$_4$Cl晶体的反应是吸热的，这个反应却可以自发进行"，通过已学的知识知道不能只依据反应的能量变化判断反应进行的方向	第34页第二、第三自然段"人们在日常生活中长期积累的经验"，结合高山流水的真实情境图片，提出"化学反应中，放热反应，常常容易发生"并列举五个常见的放热反应，从宏观现象到微观反应证实焓判据 第34页第三自然段最后一句"但有些吸热反应也可以自发进行"，列举两个吸热反应，证伪焓判据
熵判据	"实验发现，自发过程进行的方向还与混乱度有关" 通过观察颜色变化了解氢气与氯气的自发扩散过程（配图）；硝酸铵溶于水的自发过程，"溶解前，NH$_4^+$和NO$_3^-$在晶体中有序排列，溶解后被水分子包围着的NH$_4^+$和NO$_3^-$在溶液中自由移动"，相较旧版中只列举生活中的宏观现象，新版中从已学知识角度举例，学生更熟悉易理解增加列举了微观反应	"只根据焓变来判断反应进行的方向是不全面的，这就涉及与有序、无序相关的熵判据" 第35页第二自然段，列举生活中的自然现象：气体物质的扩散、有序排列的火柴散落为无序的倾向（配图）、硝酸铵溶于水自发扩散证实熵判据 列举-10℃的液态水会自动结冰成为固体，证伪熵判据均为文字的描述，学生理解较难
复合判据	"化学反应总是向着自由能减小的方向进行""ΔG＜0时，反应能自发进行；ΔG＝0时……" 让学生更容易理解判断化学反应进行方向时焓变、熵变及温度相互间的关系	第36页"科学视野"：自由能变化公式及简单运用判据判断反应进行的方向
课后习题	增加了三道习题应用	

　　由表4-2可知，新版教材相对旧版教材，在熵及熵增原理部分删减了部分学生不太容易理解的生活中的熵增现象，增加了已学的物质性质、化学原理、实验等，侧重从已有经验入手帮助学生理解熵及熵增原理。该部分还增加了微观反应例子。两版教材主要都是通过在科学探究中交替使用"证实法"与

"证伪法",以及对探究结果作出科学合理的解释,延伸学生对科学本质的认识
与科学方法的学习。

教学中,需要联系真实的生产生活情境和科学史,通过实验进行证实与证
伪,帮助学生认识焓判据、熵判据的局限性。同时,让学生能运用所学的化学
知识解决实际问题,认识化学科学在促进科技和社会文明发展等方面的价值和
贡献。

三、研析文献

文献研究的对象为该教学主题下较成熟、优秀的教学案例,可以是名师的
教学案例,也可以是期刊发表的成果,尤其需要关注该学科领域的核心期刊或
者优秀期刊。例如,化学学科,可重点关注《化学教育》《化学教学》《中学化
学教学参考》以及中国人民大学复印资料《中学化学教与学》等。文献研究的
重点在于对于同一教学主题下的不同优秀案例进行对比分析,并做出述评。对
于教学案例中比较优秀的设计环节,可以在教学中借鉴,也可以在其基础上创
新,力求从学生发展出发,助推学生全面参与,引导学生培养高阶思维。

[例]化学课题"钠及其化合物"文献研究

表4-3 "钠及其化合物"文献研究

作者	文献名称	主要研究内容及理论观点	出处
王星乔,滕瑛巧,包朝龙	促进教学内容结构化的化学教学——以人教版新教材"活泼的金属单质——钠"教学为例	基于"知识关联、认识思路和核心观念的结构化"使用POE策略、构建认识模型,实现化学学科知识向化学学科核心素养的转化	化学教与学,2021(5)
鲁静,李慧敏,周璇娜,等	基于SOLO分类理论的单元教、学、评一体化学习进阶设计——以"金属及其化合物"为例	相关概念间的逻辑关联作图,从进阶活动、设计意图、进阶评价和素养发展4个方面呈现核心素养视域下的单元教学设计及其评价框架	化学教育,2020(13)
何贵明	"金属及其化合物"的单元分类法复习	构建以分类为基础的单元知识结构体系,绘制物质转化示意图,形成单元知识体系	中学化学教学参考,2021(4)

续表

作者	文献名称	主要研究内容及理论观点	出处
高利娜，何彩霞	帮助学生建构认识物质性质的角度——以"铁及其化合物"教学为例	建立并且完善物质类别和核心元素化合价二维图，使学生建构认识物质性质的角度	化学教与学，2019（12）
蒲生龙	概念图教学策略在金属及其化合物教学中的应用	利用概念图整合新旧知识，建构知识网络，提高教学效率	中学化学教学参考，2018（10）
王磊，郭晓丽，王澜，等	元素化合物认识模型及其在复习教学中的应用——以高中《化学1》"金属元素及其化合物"单元复习为例	基于认知模型，进行以"金属元素及其化合物"的单元复习教学实践	化学教育，2015（5）
姚淑霞吴俊明	在复习课中优化学习方式的尝试和讨论——金属及其化合物复习的教学探索	建立"铝、铁、铜"金属元素之间相互联系，帮助学生理解内在逻辑，使知识系统化、结构化	化学教学，2006（8）

对上述文献进行系统的研究和分析后，发现钠及其化合物的复习课研究较多，新授课中更多的是从物质分类与核心元素化合价二维图建立认识物质性质的模型。因此新授课可以侧重于根据价类二维图认识物质性质，同时侧重于实验设计，从实验结果分析物质性质。

［例］"盐类的水解"的文献研究

表4-4　"盐类的水解"文献研究

作者	文献名称	主要研究内容及理论观点	出处
李继良，于乃佳	由开放探究引向深层思维——以"盐类的水解"教学为例	以"盐类的水解"为例，按照创设情境、开放探究、具体研究、表征研究、活动评价的流程说明开放探究走向深层思维的教学策略	化学教育，2015（17）
何翔	有效的学生活动设计初探——以"盐类的水解"为例	以"盐类的水解"为例，简述了教学目标和有效学生活动设计的方法	化学教学，2014（2）
陈华	高中化学课堂"任务卡片式"教学模式的探究——以"盐类的水解"第一课时为例	将"盐类的水解"第一课时的重难点设计成四张任务卡片（A4纸张大小），结合分组教学模式，将教与学内容明确化，以求达到好的教学效果	中学化学，2016（8）

作者	文献名称	主要研究内容及理论观点	出处
王小梅，严文法	基于发展学生化学学科核心素养的教学设计——以"盐类的水解"第一课时为例	以"盐类的水解"第一课时为例，探讨了根据情境的设计、知识的运用、问题的提出与解决、"教、学、评"一体化的设计理念发展学生的化学学科核心素养的教学设计	化学教学参考，2019（5）
宋凤莲	基于教学评一致性"盐类水解原理"第一课时教学设计	讨论教师在课堂教学中的教学评一致性；课程标准主要是对学生在经过"某一学段之后"的学习结果的行为描述，而不是对教学内容的具体规定	中学化学教学参考，2016（14）

通过上述文献的分析与研究发现盐类水解一直是教学研究的热点。近年来的教学设计已经致力于培养学生的化学学科核心素养，比如宏观辨识与微观探析的学科观念、证据推理的学科思维视角等，但是重点都在对于教学环节的设计，对于实验的创新设计少有提及。盐类水解的原理具有丰富的教学教育内涵，如何借助于盐类水解的教学培养学生实验能力、创新意识、化学学科核心素养，值得教师思考与实践。

四、研究实验

高中物理、化学和生物学科都强调培养学生"科学探究"的核心素养。科学探究的重要路径就是"实验"。教师通过实验教学的开展，能提升学生观察分析、合作探究、科学创新、科学实践的多维能力；同时培养学生观察现象、探究规律、揭示本质、建构认知的科学态度和科学思维。在真实情境教学中，学生的有效参与度大幅提高，学生的思维在参与、体会、思辨的认知路径中循序渐进地发展、提高，能使学生解决实际问题的能力在学习生活中有效迁移，进而实现触类旁通。

例如，化学学科的重要特征就是以实验为基础。化学实验对于全面发展学生的化学学科核心素养有着极为重要的作用。因为，它有助于激发学生学习的兴趣，创设生动活泼的教学情境，帮助学生理解和掌握学科知识和技能，启迪学生的科学思维，培养学生的科学态度和价值观。要充分发挥实验的教学功能，教师就必须研究实验、精心设计实验活动，尽可能多地为学生提供动手实验的机会，且要重视实验的绿色化设计，及现代信息技术的应用。

[例] "弱电解质电离" 实验研究

1. 依据课标教学提示情境素材建议，设计镁条与相同浓度盐酸、醋酸反应的改进实验。

实验装置：将两支相同长度的吸管粘在硬纸板上，吸管之间的距离为本实验所用试管的直径，在两支吸管的下端分别黏上相同形状的镁条。另取两支试管，用橡皮筋从试管上端和中端将试管绑在一起，在试管中分别加入相同体积的 0.1 mol/L 盐酸和醋酸，如图 4-1 所示。

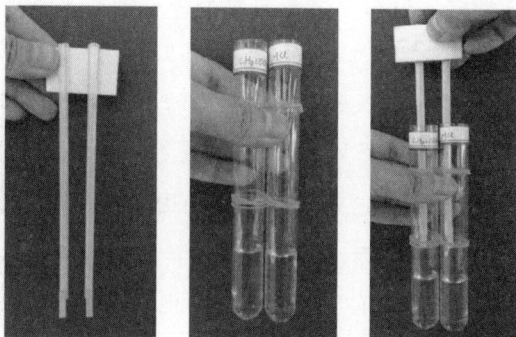

图 4-1　镁条与 0.1 mol/L 盐酸和醋酸反应的改进实验装置图

实验操作：实验时将硬纸板上的镁条同时伸入试管中，观察气泡产生的快慢。

改进意图：（1）对照实验，便于对比观察反应速率的快慢；（2）两个实验同时进行，极大地提高了教学效率。

2. 依据课标学习活动建议，设计利用 pH 传感器测试 0.1 mol/L 盐酸和醋酸的 pH。

实验内容：用 pH 传感器分别测试 0.1 mol/L 盐酸和醋酸的 pH。实验装置如图 4-2 所示。

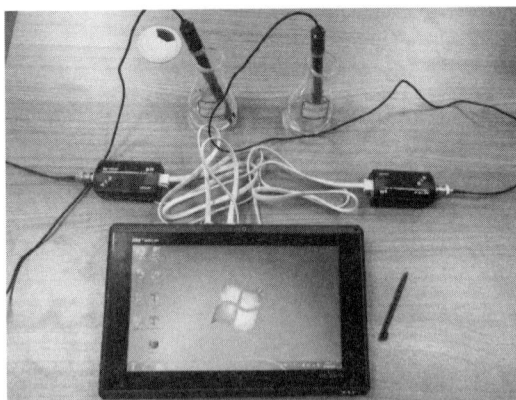

图 4—2　测试 0.1 mol/L 盐酸和醋酸 pH 的实验装置图

3. 以外界条件的改变引起平衡移动为思路，设计实验证明醋酸溶液中存在电离平衡。

（1）0.1 mol/L 盐酸中加入氯化钠固体后的 pH 变化与 0.1 mol/L 醋酸中加入醋酸铵固体后的 pH 变化作对比。

实验结果：0.1 mol/L 盐酸中加入氯化钠固体后 pH 基本保持不变；0.1 mol/L 醋酸中加入醋酸铵固体后 pH 逐渐增大，表明溶液中氢离子浓度减小。

（2）温度变化时 0.1 mol/L 醋酸的 pH 变化。

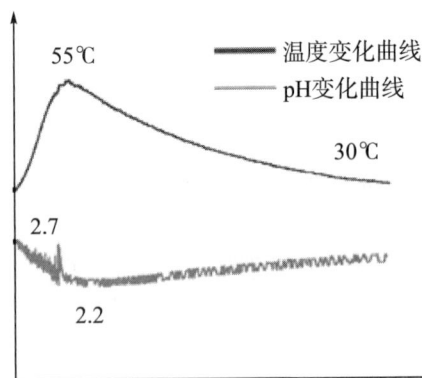

图 4—3　0.1 mol/L 醋酸的 pH 随温度变化曲线

实验结果：如图 4—3 所示，从室温升至 55℃时，溶液 pH 逐渐减小，表明溶液中氢离子浓度逐渐增大；从 55℃逐渐降低至 30℃时，溶液 pH 逐渐增大，表明溶液中氢离子浓度逐渐减小。

[例] "化学反应的方向"实验研究

1. 焓判据证伪实验的简易改进。

人教版高中化学选择性必修 1（2019 版）中描述：通过实验知道，$Ba(OH)_2 \cdot 8H_2O$ 晶体与 NH_4Cl 晶体的反应是吸热的，但是这个反应却是可以自发进行的。在学习化学反应与能量变化中已经完成过该实验，本课将其改进为一个简易快捷实验，作为焓判据的证伪证据。

实验改进：将 $Ba(OH)_2 \cdot 8H_2O$ 晶体和 NH_4Cl 晶体分别装在同一密封塑料袋的两端，中间折叠封闭后用夹子夹住，如图 4−4 所示。实验时只需取下夹子，将两种试剂混合后感受温度变化即可。

改进意图：一是构成封闭体系，防止氨气逸出；二是实验简单快捷，现象明显。

图 4−4 Ba（OH)$_2$·8H$_2$O 晶体和 NH$_4$Cl 晶体反应实物图

2. 设计熵判据的证伪实验。

实验原理：$NH_3（g）+HCl（g）\Longrightarrow NH_4Cl（s）$

实验装置与操作：在抽滤瓶支管处连接带有止水夹的橡胶管，如图 4−5 所示，在抽滤瓶中滴入 6 滴浓盐酸，塞入连接好温度传感器的单孔橡胶塞，在注射器中加入 1 mL 浓氨水，插入乳胶管中。实验时，将注射器中的浓氨水推入抽滤瓶中，观察抽滤瓶中的现象，读取便携式数据终端的温度曲线。

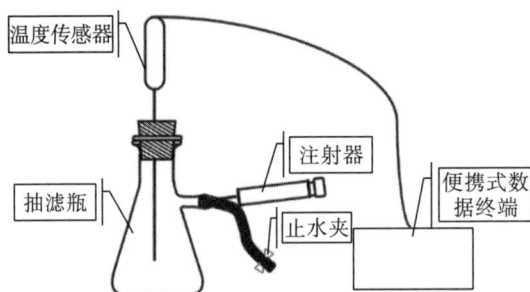

图 4-5　氨气和氯化氢传感器实验装置图

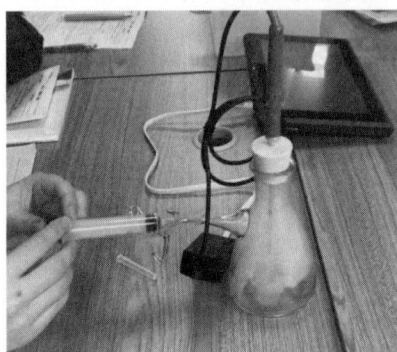

图 4-6　氨气和氯化氢反应产生大量的白烟

实验现象：抽滤瓶中有大量白烟产生，如图 4-6 所示；温度传感器测得实验过程中温度先升高后逐渐降低，如图 4-7 所示。

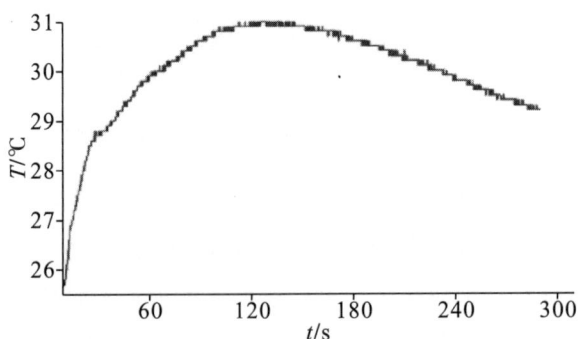

图 4-7　氨和氯化氢反应温度变化曲线

设计意图：利用浓氨水和浓盐酸的易挥发性，设计氨气和氯化氢气体反应生成氯化铵的实验。常温下能自发进行，证明熵减（$\Delta S = -285.1\ \text{J} \cdot \text{mol}^{-1} \cdot \text{K}^{-1}$）的反应也能自发进行，证伪熵判据；利用温度传感器测量反应过程中温度变化，说明该反应是放热反应，从而引出焓判据和熵判据是否满足其一反应就能自发进行的问题，为学习复合判据做铺垫。

五、研制微课

随着社会的进步，人类科技迅猛发展，手机、电脑等新媒体进入寻常家庭。教师需要利用好教学媒体资源，为具备各种潜力的学生提供多样的学习途径。微课短小精悍、趣味性强，能使课堂教学变得生动有趣，吸引学生注意力，激发学生学习的动机和兴趣，有助于达到课堂教学的目的。在"灵动三元"助学课堂中，研制微课的重点在于让理论转化为实践的过程更加直观、具体、清晰。例如，在化学学科中，教师研制微课，通过视频等生动的教学工具，让实验时间变"短"，让实验生活化、趣味化；同时引导学生了解化学概念、化学原理的形成和发展，体会科学家精神。

[例]"弱电解质电离平衡"微课

1. 自制相同浓度、相同体积的醋酸、盐酸和等量水垢反应的实验微距视频。

实验内容：将等量的水垢分别加入盛有 1 mol/L 醋酸和盐酸的试管中，观察气泡产生的快慢。实验微距视频截图 4-8 如示。

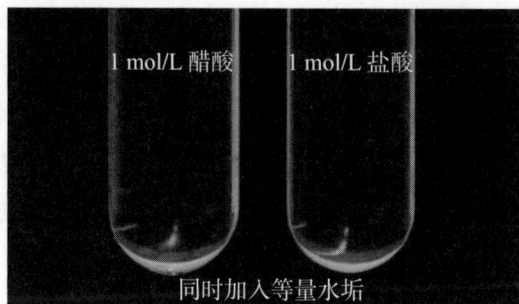

图 4-8　相同浓度、相同体积的醋酸、盐酸和等量水垢反应的实验微距视频截图

2. 自制电离理论建立的化学史微课视频。（追溯电离理论建立的化学史，让学生体会科学研究者的科学态度和科学精神。）

本阶段微课视频内容分为三个部分：电离理论提出的背景、理论被质疑到被接受的过程、对我们的启示。

参考微课配音内容：1800 年，意大利物理学家伏打发明了伏打电池，开创了电学发展的新时代。英国化学家尼克尔森和卡里斯尔用伏打电池成功电解水并发现了部分溶液的导电性，拉开了溶液电性质研究的序幕。关于电解质在溶液中如何产生离子这一问题，人们却花了半个世纪才弄明白。法拉第，对，就是物理中所说的电学之父法拉第。他也是一位响当当的化学家。1834 年，他在关于电的实验研究中提出当有电流通过时电解质溶液就会电离产生离子，同时定义了阳离子、阴离子、阳极、阴极等相关名词。人们普遍将他的观点视为"金科玉律"。从 1857 年至 1882 年，多位科学家在各自的研究领域里，都对离子是电流作用下产生的这一观点产生了疑问，但均没有提出明确的观点。1883 年，瑞典科学家阿伦尼乌斯通过对极稀水溶液的导电性研究，发现溶于水的电解质分子只有一部分解离，而且浓度越小，离解作用越大，再结合前人的工作，提出电解质在水中自动电离产生离子。这就是我们今天所熟知的电离理论。但是因为当时人们对于原子结构、溶液性质等的认识均不深刻、不全面，对于"电离过程中离子如何改变？""为何理论只适用于极稀溶液，而不适用于强酸、强碱及各种盐类的溶液？""异电性带电荷的离子如何在溶液中同时稳定存在？"三个问题均不能做出合理解释。阿伦尼乌斯遭受到了强烈的质疑，至此一场持续十多年的论战开始了。好在有荷兰化学家范特霍夫、德国物理学家奥斯特瓦尔德的支持，他们二人与阿伦尼乌斯被并称为物理化学"三剑客"。由于有电解质溶液的导电性、溶液凝固点降低、渗透压、溶液的蒸气压下降、稀释定律、酸碱反应中和热等多方面证据的支持，直到 1896 年物理化学"三剑客"才获得了这场论战的胜利。电离理论被普遍认可，阿伦尼乌斯也因此获得了 1903 年的诺贝尔化学奖。而在后续的近三十年中，原子价电子理论、强电解质概念、水合离子理论的提出逐渐解决了之前的三个问题，也正好完善了电离理论。纵观这段历史，希望同学们能像科学研究者一样，有质疑精神、创新精神、合作精神和追求真理的科学精神。

3. 葡萄皮中提取花青素及其部分性质演示实验微课视频。

实验内容：（1）葡萄皮中的花青素提取。（剪碎研磨、溶解浸取、过滤分离）；（2）在花青素中分别滴加酸和碱，观察其颜色变化。

图4-9　葡萄皮中提取花青素及其部分性质演示微课截屏

在葡萄皮中提取花青素及其部分性质演示微课中，通过剪辑将两个小时左右的实验制成3分钟的微课，实验分片段包括剥离、剪碎并研磨葡萄皮，加水溶解浸取，过滤分离，在取所得的清液分别滴加酸和碱液，观察溶液颜色变化等。在课堂上以此作为弱电解质电离平衡应用的微课展示，补充了教材在这一部分内容的空白，同时也极大地提高了课堂教学效率。

[例]"盐类的水解"自制泡沫灭火器演示微课

图4-10　自制泡沫灭火器的演示微课截屏

在自制泡沫灭火器的演示微课中，教师以矿泉水瓶作为外壳材料，向其中加入碳酸氢钠溶液，以小塑料管作为内胆材料，向其中加入硫酸铝溶液，然后盖上带导管的瓶塞，将"灭火器"倒置使两组溶液混合。教师配音，让观看的学生造一团火，通过剪辑让视频中凭空生出一团火来，然后用自制灭火器灭火，极大地增加了实验的趣味性，使微课更加生动有趣。

　　"五研法",能有效激发教师构建"灵动三元"助学课堂多元教学模式的动力,创新教学方式,围绕学生发展学科核心素养,精选、重组教学内容,创设真实情境,设计学生自主、合作、探究的学习活动,让传统课堂从"传递—讲解—评价"的教学转向"触发—探究—分享"的学习,助力营造"师生互动、平等对话,注重引导、关注过程"的教学氛围,实现学生全面发展与教师专业成长"同频共振"。

第五章 "灵动三元"助学课堂的实施核心

"灵动三元"助学课堂的实施核心在于以"灵动三元"助学案引导学生学习，以课前案、课中案和课后案为学生学习载体，突出学生主体地位。教师由单纯关注学科知识、考试的教学，转向关注提升学科能力、增进学科理解、发展学科核心素养的教学，从而实现课程改革从"学科本位"转向"育人本位"，有效落实学科核心素养。

一、课前案环节

教师通过精心分析教材内容和学生学情，系统地规划和组织教学内容，设计适宜的课前案内容，帮助学生更好地理解学习内容，做好课前预习和准备，为新课学习打下坚实的基础，更好地满足学习需求，提高学习质量。教师在设计课前案内容时，主要关注以下两个方面的内容：

（一）设计课前自主学习内容，激活旧知，拓展背景知识，链接新知

以下将以化学学科的具体课时教学为例，进行详细讲解。

[例]"盐类水解第一课时"课前案

1. 请判断下列哪些是强电解质，哪些是弱电解质。

$NaOH$、NH_3、HF、H_2CO_3、H_2SO_4、H_2SO_3、$Al(OH)_3$、CH_3COOH、Na_2SO_4、$NaHCO_3$、CO_2

　　强电解质：_____。

　　弱电解质：_____。

　　2. 请写出外界条件对水的电离平衡的具体影响。

改变的条件	平衡移动方向（填正向、逆向或不移动）	水的电离程度（填促进、抑制、或不影响）	$c(H^+)$（填增大、减小或不变）	K_w（填增大、减小或不变）
通入 HCl 气体				
加入少量 NaOH 固体				
加入少量 NaCl 固体				

　　3. （1）请写出 CH_3COOH、H_2CO_3、$NH_3 \cdot H_2O$、$Al(OH)_3$ 的电离方程式。

　　_____，_____，

　　_____，_____。

　　（2）写出 CH_3COOH 溶液的电离平衡常数表达式_____，可逆反应的平衡常数 K 值越大，说明平衡体系中生成物所占的比例_____，它的正向反应进行的程度_____，即该反应进行得越完全，而反应物的转化_____，而逆反应进行的程度_____。

　　4. 复分解型离子反应发生的条件_____、_____、_____。

　　5. 现有 0.1 mol/L 的 Na_2CO_3 溶液，用 pH 试纸测定溶液的 pH，写出正确的操作方法。

　　_____

　　_____。

　　6. 了解泡沫灭火器的构造。

　　外壳材料：_____，盛装化学试剂：_____；内胆材料_____，盛装化学试剂：_____。

　　7. 阅读教材58页"科学视野"，自主学习盐的水解常数。

　　写出电离常数与水解平衡常数的关系：_____。

　　8. 阅读资料卡片，了解人类认识酸碱的简要历程。

　　按照酸碱电离理论，盐的定义为_____。

[资料卡片] 酸碱理论发展历史简要回顾

盐类的水解是阿伦尼乌斯酸碱电离理论的重要组成部分，而人类认识酸碱是逐渐发展、完善的。具体内容如表5-1所示。

表5-1 酸碱理论的发展历史

时间	名称	主要人物	主要观点或贡献
17世纪	古典酸碱理论	波意耳（Boyle）	凡水溶液有酸味，能溶解某些金属，能使蓝色石蕊试纸变红的物质叫作酸；凡水溶液有苦涩味、滑腻感，能使红色石蕊试纸变蓝的物质，叫作碱
1887年	酸碱电离理论	阿伦尼乌斯（Arrhenius）	凡在水溶液中电离出的阳离子全部都是H^+的物质叫酸；电离出的阴离子全部都是OH^-的物质叫碱。酸碱反应的本质是H^+与OH^-结合生成水的反应
1905年	酸碱溶剂理论	富兰克林（Franklin）	凡是在溶剂中产生该溶剂的特征阳离子的溶质叫酸，产生该溶剂的特征阴离子的溶质叫碱
1923年	酸碱质子理论	布朗斯特（Bronsted）劳里（Lowry）	凡是能够给出质子（H^+）的物质都是酸；凡是能够接受质子（H^+）的物质都是碱
1923年	酸碱电子理论	路易斯（Lewis）	酸是电子的接受体，碱是电子的给予体。酸碱反应是酸从碱接受一对电子，形成配位键，得到一个酸碱加合物的过程。该理论体系下的酸碱反应被称为酸碱加合反应
1963年	软硬酸碱理论	皮尔逊（Pearson）	体积小，正电荷数高，可极化性低的中心原子称作硬酸；体积大，正电荷数低，可极化性高的中心原子称作软酸。电负性高、极化性低、难被氧化的配位原子称为硬碱，反之为软碱；除此之外的酸碱为交界酸碱

对上述化学史的进一步说明：

起初很多科学家用舌头品尝药品的酸碱性，波意耳决心研究出判断酸碱性的简易办法，并以此对酸和碱进行了简单定义。此后的两三百年里，酸碱的概念不断更新，逐渐完善。每种理论都有自己的观点，也都有一定的局限性，相互联系，相互补充，提高了人们对酸碱本质的认识。比较重要的有酸碱电离理论、酸碱质子理论和酸碱电子理论。

瑞典科学家阿伦尼乌斯通过对溶液的酸碱性进行大样本研究，总结大量的化学实验事实，于1887年提出了关于酸碱的本质概念。酸碱电离理论更深刻地揭示了酸碱反应的实质，酸与碱的产物必然是盐与水，并针对不同盐溶液的酸碱性提出了盐类的水解概念。

布朗斯特和劳里于 1923 年提出酸碱质子理论，从给出和接受质子的角度定义酸碱。酸碱质子理论扩大了酸碱的范围，也扩大了酸碱反应的范围。在质子理论中没有盐的概念，那么酸碱电离理论的中和、酸碱的电离、盐类的水解等都是酸碱反应。

同样在 1923 年，美国化学家路易斯指出，就像氧化还原反应不一定非有氧参与一样，酸也没有理由必须限定在含氢化合物上。他从结构的观念出发，给出了酸以及酸碱反应定义，形成了酸碱电子理论。酸碱电子理论进一步扩大了酸和碱以及酸碱反应的范围。酸碱电子理论也不存在盐的概念。盐类的水解是酸碱电离理论的重要组成部分，是为了解决阿伦尼乌斯酸碱电离理论体系下的盐溶液的酸碱性问题而提出。

小结：本节教学内容为人教版高中化学选择性必修 1（2019 版）第三章"水溶液中的离子平衡"第三节内容。课前案设计 8 个内容，盐类水解的学习需要学生能够对之前学习的弱电解质概念加以应用。因此案例中的内容 1、2、3 均是对于弱电解质电离平衡内容的回顾与复习，让学生能在新课学习中清晰判断能水解的离子。内容 4 是针对复分解反应的初步认识，意在让学生通过本课时学习对于复分解反应有更深刻的认识，辨析概念。内容 5 指向实验能力——对于溶液 pH 测定的实验的正确操作，让学生能将此实验与本节课设计的 pH 传感器测定溶液 pH 变化做对比，体会数字化实验的便捷与准确。内容 6、7、8 为自主学习内容。其中，内容 6 为泡沫灭火器的构造与反应原理，指向盐类水解应用；内容 7 为水解平衡常数的表达与意义，均为第二课时学习做铺垫；内容 8 为酸碱理论发展历史的自主学习资料。教师查阅文献，将相关历史知识汇总精简编辑为资料卡片，重点介绍阿伦尼乌斯酸碱电离理论的形成过程，让学生了解目前所学的酸、碱、盐的定义背景，对于酸和碱的概念有一个较全面、正确的认识，体会科学家科研过程中锲而不舍、不断探索的进取精神，从化学史角度帮助学生建立盐类水解认知背景，增进学科理解。

（二）设计课前微项目学习，组成学习小组查阅资料、制作手抄报、制作幻灯片，展示交流成果

微项目学习突出一个"微"字，将学习主题进行分解，以真实生活情境为载体，教师提出问题、突出文献的查找与收集，让学生以合作学习为基础，通过问题解决的过程，获得真实、具体的学习成果。此外，微项目成果的交流展示和评价反馈，还能提升学生对真实问题的思考力和观察力，助力学生自主参与、合作探究、批判创新。以下将以化学学科的具体课时教学为例，进行详细讲解。

[例]"研究车用燃料"课前微项目学习

在课前将学生分为六个小组，针对如何选择车用燃料的问题，查阅资料，制作手抄报（图5-1）展示，制作幻灯片进行组间交流。详细的微项目学习流程见表5-2。

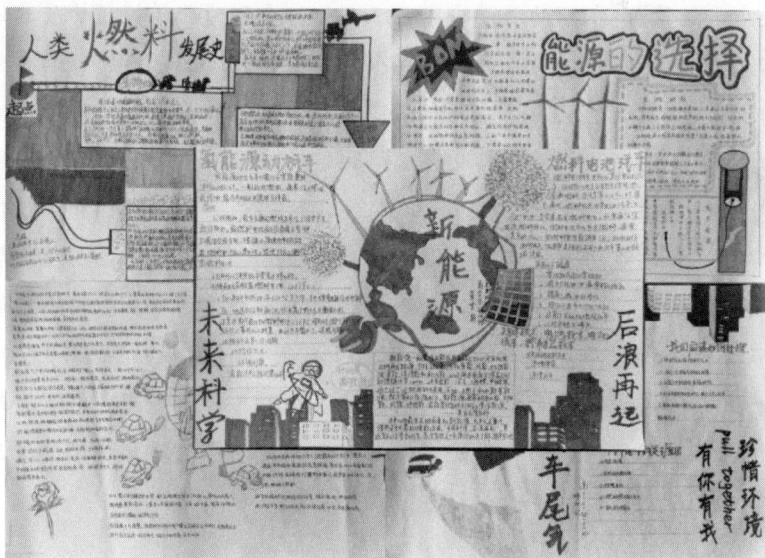

图5-1　学生手抄报展示（部分）

表5-2　课前微项目学习流程

主要流程	学习内容
提出问题	如何选择车用燃料？
制订计划	查阅资料了解能源发展的历史，汽车发展的历史，汽车动力的发展与前景，汽车尾气的产生、危害与防治（绘制手抄报） 讨论以下问题并尝试给出结论： 燃料燃烧过程中发生能量变化的本质原因？ 选择车用燃料时应该综合考虑哪些因素？ 你对汽车能源的使用有什么前瞻性的建议？
组织实施	小组查阅资料、讨论、交流 绘制手抄报；制作PPT
总结评价	展示手抄报、PPT汇报 项目完成后，结合各小组汇报内容进行组内总结 自我评价、小组成员互评

本节内容来源于鲁科版高中化学选择性必修2（2019版）第二章微项目"研究车用燃料及安全气囊——利用化学反应解决实际问题"，对应的章主题是"化学反应与能量"。本章的教学内容共三部分，分别为化学键与物质构成、化学反应与能量转化、化学反应的快慢和限度。教学内容的功能为帮助学生建立化学键概念，认识化学反应体系能量改变与化学键的关系，知道化学反应可以实现化学能与其他形式能量的转化；了解化学反应具有一定的限度和速率，知道化学反应速率的表示方法，体会到从限度、速率两个方面认识和调控化学反应的重要性。在学生已经完成了相应的核心知识认识任务后，主要是拓展学生对化学反应的认识，而微项目学习主要针对以下三个问题即：燃料燃烧过程中发生能量变化的本质原因是什么？实际选择车用燃料时应该综合考虑哪些因素？你对汽车能源的使用有什么前瞻性的建议？引导学生查阅资料、文献，了解相关内容，从不同层面回答这几个问题，从而帮助学生整合对化学反应的认识并形成对化学反应的系统认识模型。

二、课中案环节

课中案设计尤其要关注三个活动元，即前文详细阐释的"心动元""主动元""互动元"，需遵循以下几点原则：

第一，活动主体性原则。教师应该着眼学生身心的和谐发展，让学生主动参与、感悟、体验、探究、发现等。

第二，活动情境性原则。教师应该将知识置于其发生和应用的真实情境中；将新知识与学生已有知识和经验构成的主体情境相结合；培养学生在真实的情境中探索问题，学习与问题相关的学科知识。

第三，活动多样性原则。教师应该遵循多样性原则，组织学生开展体验式学习、小组合作学习、探究式学习、分层次学习、翻转课堂、跨学科融合式学习等，以提高学生课堂的学习兴趣和参与度，让学生做真正的课堂主体。

以下将以化学学科的具体课时教学为例，进行详细讲解。

[例]"盐类水解第一课时"课中案学习过程

1."心动元"：心动入境，发现盐类水解。

教师：展示泡沫灭火器实物及其构造原理图。问：泡沫灭火器的外筒材料是铁，能否用来盛放内胆玻璃中的硫酸铝溶液呢？

学生A：可以。因为铝比铁活泼，所以铁不会从铝盐溶液中置换出铝。

学生B：不可以吧。应该要反应，要不内胆材料用铁还不容易碎呢。

教师播放铁片和硫酸铝溶液反应的高清视频。视频显示铁片表面有气泡产生（见图5—2），说明要反应。故不能用铁来盛放硫酸铝溶液。pH计测硫酸铝溶液pH为3.8。

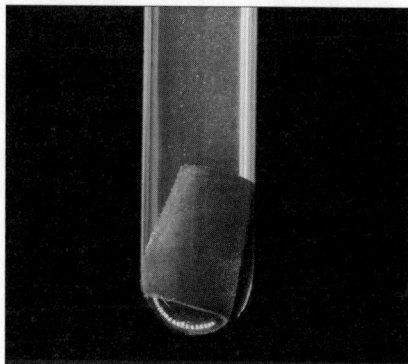

图5—2 硫酸铝溶液与铁片反应的现象

教师：19世纪末，瑞典科学家阿伦尼乌斯采用广泛实验研究，提出了电离理论，用分类思想第一次给酸、碱、盐作了明确定义。盐是酸碱中和的产物。为什么硫酸铝溶液呈酸性，碳酸钠俗名纯碱？今天我们沿着前辈的足迹，看看盐溶液呈现不同酸碱性，是特例还是有一定规律可循？

活动一：科学探究，认识盐溶液的酸碱性。

分组实验：利用改进的实验装置测试不同盐溶液的酸碱性，对盐溶液的酸碱性进行大样本的测试实验，认识盐溶液可能呈现酸性、碱性、中性。

实验结果：

盐溶液呈酸性的：$(NH_4)_2SO_4$ 溶液、NH_4Cl 溶液。

盐溶液呈中性的：$NaCl$ 溶液、Na_2SO_4 溶液。

盐溶液呈碱性的：CH_3COONa 溶液、$NaHCO_3$ 溶液、Na_2CO_3 溶液。

教师：酸和碱按电离程度来分有强有弱，从成盐的源头对盐进行分类，又包括强酸强碱盐、强酸弱碱盐、强碱弱酸盐等，那么盐的这种分类方法与盐溶液的酸碱性有什么对应关系呢？

学生：盐的分类和盐溶液酸碱性对应的一般规律是，强酸强碱盐溶液呈中性，强酸弱碱盐溶液呈酸性，强碱弱酸盐溶液呈碱性。

教师：弱酸弱碱盐的酸碱性留下悬念。

［助学思路］以泡沫灭火器的基本构造这一真实物件出发，引导学生思考盛放硫酸铝的内胆材料为什么不是更坚固的金属铁，激起学生学习兴趣，引导学生进一步思考盐溶液的酸碱性。随后，通过测定不同盐溶液的酸碱性，让学生继续思考盐溶液的酸碱性与成盐的酸和碱的类别有无关系。通过"心动元"，层层递进，引导学生逐渐发现盐类水解的概念。

2. "主动元"：主动探究，认识盐类水解的原理。

教师：强酸弱碱盐硫酸铝溶液为什么显酸性？当硫酸铝和水相遇后 $c(H^+)$ 为什么就大于 $c(OH^-)$？

演示实验：将 $Al_2(SO_4)_3$ 固体加入水中时的 pH 变化数字化实验。

实验结果：如图 5-3，A 点时将 $Al_2(SO_4)_3$ 固体加入水中。

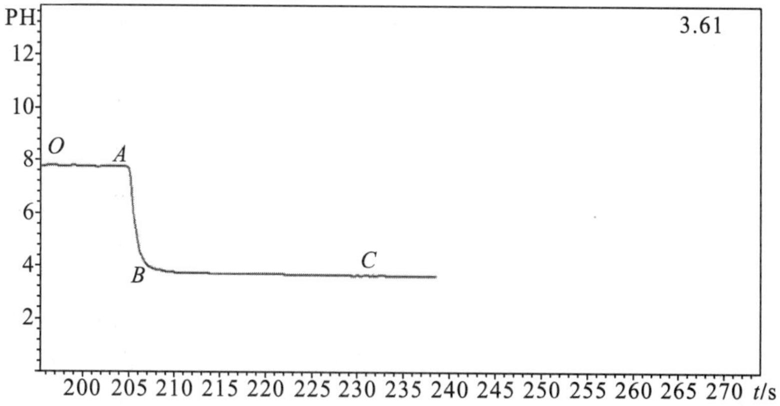

图 5-3 硫酸铝固体加入水中对应的 pH-t 曲线

教师：请同学们分析图像回答，OA 段溶液中有哪些微粒？$Al_2(SO_4)_3$ 固体加入水中后，以什么微粒存在？AB 段 $c(H^+)$ 和 $c(OH^-)$ 如何变化？

学生：OA 段表示水的电离平衡，$H_2O \rightleftharpoons H^+ + OH^-$，因此有水分子，氢离子和氢氧根离子，且 $c(H^+) = c(OH^-)$；$Al_2(SO_4)_3$ 固体加入水中后完全电离，$Al_2(SO_4)_3 = 3SO_4^{2-} + 2Al^{3+}$，$AB$ 段 pH 减小，$c(OH^-)$ 减小，$c(H^+)$ 增大，水的电离平衡正向移动。

教师：为什么 Al^{3+} 和 SO_4^{2-} 的加入能够导致 $c(H^+)$ 增大，$c(OH^-)$ 减小？

学生：因为 Al^{3+} 和 OH^- 结合会形成 $Al(OH)_3$。

教师：烧杯中出现白色沉淀没有？如何验证 $Al(OH)_3$ 的存在？

学生：没有白色沉淀，$Al(OH)_3$ 的存在形式应该为胶体后，可用丁达尔效应验证。

演示实验：用激光笔照射烧杯中的液体。

实验结果：产生一条光亮的通路。

教师：$c(H^+)$ 保持不变说明了什么？BC 段溶液中有哪些微粒？

学生：$c(H^+)$ 保持不变说明达到了平衡状态，BC 段有 Al^{3+}、SO_4^{2-}、OH^-、H^+、H_2O、$Al(OH)_3$，实际上就是 $Al_2(SO_4)_3$ 溶液。

教师：板书基于微粒观分析盐和水作用的图示法。

$$H_2O \rightleftharpoons H^+ + OH^-$$
$$Al_2(SO_4)_3 = 3SO_4^{2-} + 2Al^{3+}$$
$$Al(OH)_3$$

演示实验结论：将 $Al_2(SO_4)_3$ 固体加入水中，发生了 $Al^{3+} + 3H_2O \rightleftharpoons Al(OH)_3 + 3H^+$ 这一反应，生成了弱电解质 $Al(OH)_3$，促进了水的电离平衡。这就是阿伦尼乌斯在研究大量盐溶液的酸碱性基础上，对盐溶液呈现酸碱性给出的解释。

教师：请同学们用图示法类比分析氯化钠、醋酸钠加入水中，微粒之间又会发生怎样的相互作用。

学生：氯化钠呈中性的原因是没有弱电解质的生成，没有破坏水的电离平衡，而醋酸钠溶于水生成弱电解质醋酸，促进了水的电离平衡，使 $c(OH^-)$ 增大。

结论：强酸弱碱盐和强碱弱酸盐溶于水时，电离产生的阳离子、阴离子可分别与水电离产生的 OH^- 或 H^+ 生产弱电解质——弱碱或弱酸，使得溶液中 $c(H^+) \neq c(OH^-)$，因而这两类盐溶液呈现酸性或碱性。盐与水发生的这种作用叫盐类的水解。

教师：简言之，"有弱才水解，谁强显谁性"。阿伦尼乌斯当时只能靠大量的实验总结，而我们通过现代数字化实验从微观的角度清晰地认识了 $c(H^+)$ 增大和 $c(OH^-)$ 减小的过程。所以我们要感谢科技的发展使我们的实验更加精准、直观，当然更应该敬佩前辈在艰苦条件下追求真理的精神。

[助学思路] 充分利用"主动元"，通过将硫酸铝加入水中溶液氢离子浓度增大的实验事实，引发学生思考溶液中的哪些微粒的相互作用会造成这一结果，引导学生主动思考，从微粒观、守恒观、变化观理解盐类水解的本质。

3. "互动元"：互动评说 理解盐溶液的酸碱性。

教师：现在我们可以思考此前遗留的问题：弱酸弱碱盐溶于水的酸碱性如何呢？请分析 NH_4F 溶液中水解的离子。

学生：NH_4^+ 和 F^- 都是弱离子，均要水解。

教师：前面阐述的强弱电解质是定性的，即完全电离和部分电离。若都是弱电解质对应的离子，能判断谁更"弱"吗？

学生：电离平衡常数越小说明其酸性或碱性越弱。

教师：可以从电离平衡常数定量判断，酸和碱的相对强弱。请同学们完成活动二第一个问题。活动二学案设计如表5-3。

表 5−3 活动二的学案设计

学生活动	教师活动
1. 弱酸弱碱盐溶液的酸碱性分析 (1) 弱酸弱碱盐溶液根据其组成不同，可能呈中性，也可能呈碱性或酸性。若以 K_a 表示弱酸的电离常数，K_b 表示弱碱的电离常数，思考 K_a 和 K_b 满足怎样的大小关系，溶液呈现不同的酸碱性。 若 K_a ＿＿＿ K_b，溶液呈中性；若 K_a ＿＿＿ K_b，溶液呈酸性；若 K_a ＿＿＿ K_b，溶液呈碱性。 (2) 已知：25℃时，$K_a(CH_3COOH)=1.76\times10^{-5}$、$K_a(HF)=3.53\times10^{-4}$、$K_b(NH_3\cdot H_2O)=1.85\times10^{-5}$，回答下列问题。 ①$NH_4F$ 溶液呈＿＿＿＿性，溶液中 $c(NH_4^+)$＿＿＿ $c(F^-)$； ②CH_3COONH_4 溶液呈＿＿＿＿性。	引导学生从成盐的源头、弱酸和弱碱、弱的本质思考相对强弱，理解盐类水解的概念
2. 弱酸酸式盐溶液的酸碱性分析 (1) 写出 $NaHCO_3$ 溶液中与 HCO_3^- 有关的平衡体系，并简单解释 $NaHCO_3$ 溶液呈碱性的原因。 ＿＿＿＿＿＿＿＿＿＿＿＿＿＿＿＿＿。 (2) 分析 $NaHSO_3$ 溶液的酸碱性。 小组实验：用 pH 计测试室温时 $NaHSO_3$ 溶液的酸碱性，pH 为＿＿＿＿。 根据实验结果比较 $c(SO_3^{2-})$＿＿＿＿ $c(H_2SO_3)$ 小结：弱酸酸式盐溶液的酸碱性分析方法＿＿＿＿＿＿＿＿＿＿＿＿。	引导学生在已有知识的基础上，分析 HCO_3^- 和 HSO_3^- 各存在的两种平衡体系，然后根据两种盐溶液的碱性和酸性，辩证地认识弱酸弱碱盐酸碱性的本质

结论：完善从成盐源头上交叉分类形成的四种盐溶液的酸碱性对应关系。弱酸弱碱盐溶液即水解形成的电解质越弱，其离子水解程度越大。简言之越弱越水解，谁（相对）强显谁性。

教师：接下来对泡沫灭火器中的弱酸酸式盐 $NaHCO_3$ 溶液进行深度分析。写出 $NaHCO_3$ 溶液中与 HCO_3^- 有关的平衡体系。

学生：水解平衡，$HCO_3^-+H_2O \rightleftharpoons H_2CO_3+OH^-$；电离平衡，$HCO_3^- \rightleftharpoons H^++CO_3^{2-}$

教师：既然存在两种平衡关系，也有可能呈现酸性，为什么 $NaHCO_3$ 溶液却呈碱性呢？

学生 A：水解反应进行得多一些。

学生 B：水解反应的平衡常数更大一些。产生的 OH^- 更多，所以溶液呈碱性。即 HCO_3^- 水解程度大于电离程度。

教师：是否所有的弱酸酸式盐都是水解程度大于电离程度呢？

分组实验：pH 计测试 NaHSO₃ 溶液的酸碱性。

实验结果：NaHSO₃ 溶液的 pH 为 3.3。

实验结论：HSO_3^- 电离程度大于水解程度。

教师：从酸碱质子理论角度看，HCO_3^- 和 HSO_3^- 应该属于酸还是碱？

学生：都能结合 H^+，也能产生 H^+，所以既是酸又是碱。

教师：其实酸和碱本来就是一对矛盾体，在阿伦尼乌斯的酸碱电离理论中，将其统一于盐的概念，而对于其溶液的酸碱性，在后续的课程中，我们还会继续学习，用平衡常数来定量计算。

[助学思路]"互动元"引导学生从弱酸弱碱盐中弱的程度——电离平衡常数的大小来判断这类盐溶液的酸碱性，完善盐的类型与盐溶液酸碱性的关系。交流讨论亚硫酸氢钠溶液的酸碱性，形成认知冲突，利用化学实验，讨论分析盐溶液呈现不同酸碱性的本质是溶液中所存在的各种平衡体系相互影响。

[例]"研究车用燃料"课中案学习过程

引入：播放微课视频，介绍化学反应中的物质变化和能量变化，引出汽车发展的历史，提问"针对当下车用燃料的选择和尾气处理问题，化学可以做什么？"。

1."心动元"：心动入境，实验感知如何选择燃料。

教师：不同燃料燃烧时达到燃点所需能量不同，反应放出的热量也不同。

教师展示可燃物燃烧反应的能量变化示意图（图 5-4），学生根据分组实验体会不同燃料燃烧的难易程度，用温度传感器感受不同燃料燃烧时的温度差异。具体实验步骤及结果见表 5-4。

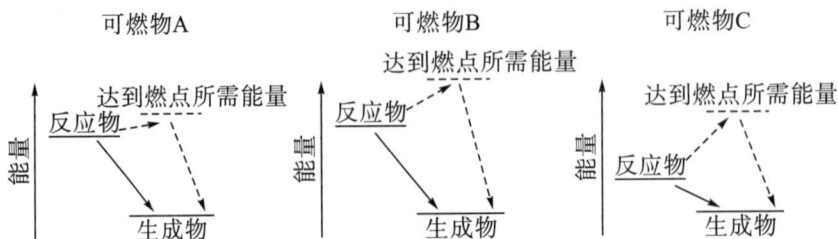

图 5-4　不同可燃物燃烧反应的能量变化图

表 5—4　不同燃料燃烧难易程度及燃烧时最高温度测试实验步骤及结果

实验仪器与药品	实验操作	实验结果
木材、酒精灯、汽油、焦炭、坩埚钳、火柴、石棉网，温度传感器	1. 用坩埚钳夹持木材，在酒精灯上点燃，然后用温度传感器测试木材燃烧时火焰温度的最高值 2. 点燃酒精灯，并用温度传感器测试酒精燃烧时火焰温度的最高值 3. 用火柴点燃蒸发皿中的汽油，并用温度传感器测试汽油燃烧时火焰温度的最高值（如图5—5） 4. 用坩埚钳夹持一块焦炭，将其放在燃着的酒精灯上 10 s，观察其是否燃烧	焦炭在 10 秒内几乎不能燃烧，其余三种燃料均比较容易燃烧。燃烧木材时，火焰的最高温度约500℃；酒精和汽油的火焰最高温度均约为600℃。汽油燃烧会产生大量黑烟。

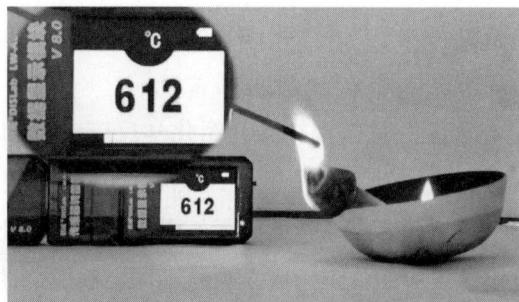

图 5—5　汽油燃烧的实验装置图

教师：展示不同燃料的燃点、热值以及价格（见表 5—5）。请学生从化学反应中能量变化的角度和实验结果分析，回答以下三个问题：选择车用燃料时应考虑哪些因素？不同可燃物燃烧反应的能量变化图中的 A、B、C 三种可燃物，我们应该选择哪种？实际使用时，还需考虑哪些因素？

表 5—5　不同燃料的燃点和热值以及价格

燃料	化学式	燃点/℃	热值/MJ·kg^{-1}	价格/元·t^{-1}
木材	$(C_6H_{10}O_5)_n$	290	12	6000
酒精	C_2H_6O	75	30.2	6775
丁烷	C_4H_{10}	287	45.6	3600
汽油	C_7H_{16}	427	47	4029
焦炭	主要成分 C	450~650	30	2000

学生 A：应该选择达到燃点所需能量低的，而反应物和生成物的能量差别

又比较大的燃料。故应该选择可燃物 A。

学生 B：燃点太低可能会产生安全问题，因为太易燃烧。所以选择可燃物 B 其实更好。

学生 C：实际使用可能选择汽油作为燃料更合适一些，因为它和酒精均容易燃烧，但同等条件下上升温度最高，从表中又看出汽油的热值比酒精多出 50％，说明燃烧释放出的热量更多。

学生 D：实际使用时还应考虑成本问题，很显然汽油每吨的价格比酒精少得多。

小结：化学反应有物质变化并会伴随着能量变化，能量变化的实质是反应物和生成物能量的相对大小。但是车用燃料的选择需综合考虑实际情况，如燃料的燃点、热值、成本、环境友好程度等因素。

[助学思路]"心动元"从微课视频介绍化学反应中的物质变化和能量变化，引出汽车发展的历史，针对当下的车用燃料选择和尾气处理问题，提出"化学可以做什么？"的问题，直指生活实际，引导学生关注化学反应中能量的变化，丰富学生对化学反应的认识角度。利用不同燃料燃烧的难易程度和测试燃烧时的火焰温度，让学生直观地体会燃料燃烧达到燃点时所需的能量和放出的热量，加大学生对化学反应的认识深度。有趣的传感器实验助力"心动元"环节学生的学习兴趣的激发，通过不同燃料的燃点、热值以及价格的数据呈现，引导学生直观地对比出燃料选择的依据，认识到化学对解决实际问题的重要作用。

2．"主动元"：主动探究，尾气处理有效途径。

教师：汽车尾气中的氮氧化合物的主要来源是火花塞在气缸内点燃空气和燃油的混合气体时两电极间电弧放电使氮气和氧气发生反应（见表5-6）。请同学们利用实验模拟这一过程。

学生分组实验。

表 5-6　模拟氮氧化合物产生的实验步骤及结果

实验仪器和药品	实验操作	实验现象
电弧式打火机，淀粉碘化钾试纸，蒸馏水	用蒸馏水湿润淀粉碘化钾试纸，将湿润的淀粉碘化钾试纸放在打火机上方，点火并观察	淀粉碘化钾试纸变蓝

教师：淀粉碘化钾试纸为什么会变蓝？

学生：在放电的情况下，空气中的 N_2 和 O_2 反应生成 NO，继续被氧化为 NO_2，NO_2 与湿润的淀粉碘化钾试纸中的 H_2O 反应生成 HNO_3，将其中 I^- 氧化为 I_2，故试纸变蓝。这说明放电情况下确实会产生氮氧化合物。

教师：三元催化中的物质转化关系如下：$C_xH_y + NO_x + CO \xrightarrow{催化剂} N_2 + CO_2 + H_2O$，请问：物质相互转化的基本原理是什么？

学生：氧化还原反应，其中还原剂为碳氢化合物和一氧化碳，氧化剂为氮氧化物。

教师：这个转化是可逆反应，那么在实际应用中还需考虑哪些方面的问题？

学生：要尽可能地考虑调控反应条件使反应速度更快，反应限度更大。

教师：既然是可逆反应，就不能实现尾气有害物质完全转化，那么要彻底解决尾气的危害，还有其他办法吗？

学生：改变动力模式，开发新能源。

小结：化学反应条件的控制尤其重要，可以通过外界条件的控制来改变化学反应的速率和限度，让化学反应在实际生产生活中为我所用。

[助学思路]"主动元"引导学生通过实验合作完成电弧式打火机点火模拟汽车点火，直观体验点火过程中氮氧化合物的产生，从氧化还原反应的角度思考物质的相互转化，进而探讨尾气的处理方式，从限度和速率的角度关注化学反应的调控，了解控制反应条件在生产实践中的作用。

3."互动元"：互动评说，能否实现绿色出行。

教师：请大家依据原电池工作原理，设计电化学装置使小车动起来。（模拟电动力汽车实验装置见表 5-7，原电池动力小车实验实物见图 5-6）

表 5-7　模拟电动力汽车实验装置

实验仪器和药品	学生设计的电化学装置	
稀盐酸（1 mol/L）， 氢氧化钠（4 mol/L）， 镁片，铝片，石墨片， 电动小车，烧杯		负极：镁片　$Mg-2e^-=Mg^{2+}$ 正极：石墨　$2H^++2e^-=H_2\uparrow$ 电解质溶液：稀盐酸（1 mol/L）
		负极：铝片　$Al-3e^-+4OH^-=AlO_2^-+2H_2O$ 正极：石墨　$2H_2O+2e^-=H_2\uparrow+2OH^-$ 电解质溶液：氢氧化钠（4 mol/L）

图 5-6　原电池动力小车实验实物图

学生展示自己设计的电化学装置，并完成实验。

小结：我们可以设计原电池装置将氧化还原反应中的化学能转化为电能。这样的装置需具备电极材料、离子导体、电子导体以及电极反应物。

教师：目前市场上已经有相当数量的氢能源电动汽车，请看几种不同能量转换方式的效率（见表 5-9）。以习近平同志为核心的党中央经过深思熟虑作出重大战略决策，力争 2030 年前实现碳达峰、2060 年前实现碳中和。请你们谈一谈化学为此能做什么？

表 5-9　不同能量转换方式的效率

能量转换方式	能量效率
内燃机及外燃机	10%～50%
燃气涡轮发动机	最大可到 40%
太阳能电池	6%～40% （和使用技术有关，一般的效率约为 15%，理论上限为 85%～90%）
燃料电池	最大可到 85%

学生 A：开发新能源电池可以减少汽车尾气排放，减少大气污染。

学生 B：尽可能地革新技术，提高能量效率，就可以节约资源。

学生 C：使用氢能源汽车可以减少二氧化碳的排放，利于实现碳中和。

总结：本节课从燃料的燃点和热值回顾化学能与热能的转化，认识用化学反应指导解决实际问题的思考角度；从汽车尾气的处理回顾了化学反应速率与限度等知识点，了解控制反应条件在生产实践中的作用；回顾了化学能与电能的转化，形成合理利用化学反应中能量的意识，切身感受到了化学的有趣和有用。同学们今后一定会更科学地思考化学问题，像科学家一样利用化学反应解决人类社会发展遇到的重大问题。

[助学思路]"互动元"通过引导学生开展基于能量需求选择反应、设计能量转化路径和装置的交流讨论活动，引导学生思维碰撞，形成合理利用化学反应中能量变化的意识和思路，形成科学探究与创新的意识，强化科学思维与社会责任感。

三、课后案环节

在课后案环节，学生利用助学案课后案作业进行检测，其意义是对学习效果的评估、学习成果的巩固与拓展。课后案作业有以下三类：①检测性作业，是对学习过程与学习结果的检测；②巩固性作业，是对核心知识和关键能力的巩固与强化；③实践性作业，是对素养水平的发展，聚焦于将知识应用于实际。王月芬老师在《重构作业——课程视域下的单元作业》中强调，作业本质上是学生自主学习的过程，作业设计注重与教学的协同一致。

[例]"弱电解质电离"课后案设计

检测性作业

1. 某饮料的配料表如图 5-7，如何判断方框内的物质是强电解质或弱电解质？

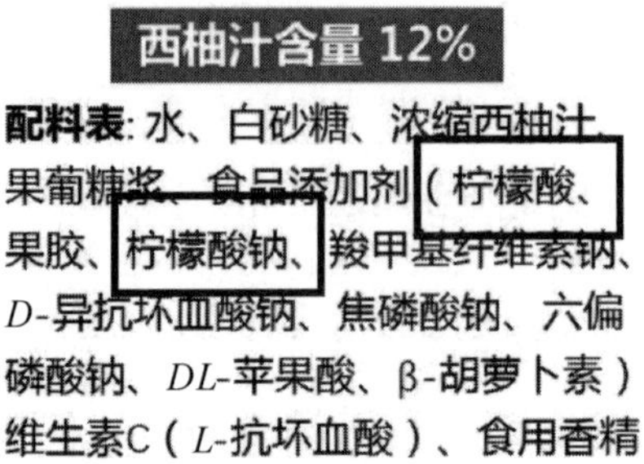

西柚汁含量12%

配料表: 水、白砂糖、浓缩西柚汁、
果葡糖浆、食品添加剂（柠檬酸、
果胶、柠檬酸钠、羧甲基纤维素钠、
D-异抗坏血酸钠、焦磷酸钠、六偏
磷酸钠、DL-苹果酸、β-胡萝卜素）
维生素C（L-抗坏血酸）、食用香精

图5-7 某饮料配料表

在学习了强弱电解质的不同电离特征后，能从物质分类的角度判断区分强、弱电解质。基于此，设计真实情境下的检测任务，判断某饮料的配料表中给定物质是强电解质，还是弱电解质。

巩固性作业

2. 分析一元弱酸（HA）、一元弱碱（BOH）的电离平衡过程，并完成下列题目。

（1）写出弱酸、弱碱的电离方程式。

（2）填写表5-5、表5-6的空格（请用"最大""最小""变大""变小"或"不变"填空）。

表5-10 HA 电离过程中体系各粒子浓度的变化

	$c(H^+)$	$c(A^-)$	$c(HA)$
HA 初溶于水时			
达到电离平衡前			
达到电离平衡时			

表5-11 BOH 电离过程中体系各粒子浓度的变化

	$c(B^+)$	$c(OH^-)$	$c(BOH)$
等体积等浓度的 B^+、OH^- 溶液相混合时			
达到电离平衡前			
达到电离平衡时			

学习弱电解质的电离平衡，学业要求学生能从电离、离子反应、化学平衡的角度分析溶液的性质，认识弱电解质在水溶液中存在电离平衡。据此应用教材中的习题作为弱酸、弱碱电离平衡建立过程的巩固作业，强化学生从微观粒子的变化分析电离平衡建立的过程。

实践性作业

3. 家庭小实验：利用家庭厨房用品检验家中红葡萄酒是否含有花青素。

核心知识应用：学业要求学生能举例说明离子反应与平衡在生产、生活中的应用。通过红酒中花青素的检验实践，学生能了解弱电解质的电离平衡的应用，认识电离平衡在生产生活中的价值。

实验依据：葡萄皮中有丰富的花青素，花青素作为一种弱电解质，与酸和碱作用会显示不同的颜色。学生可以利用家中厨房常用的白醋、食用碱分别作为酸性溶液和碱性溶液的溶质，与葡萄酒分别作用，在酸性条件下，平衡移动显红色，在碱性条件下，平衡移动显蓝色。

实验技能提升：由于红酒本身颜色为红色，因此该实验在酸性条件下，虽然花青素与酸作用显红色，但是由于红酒本身的颜色并不能做出准确判断红酒中是否含有花青素；而如果设计在碱性条件下，花青素显蓝色则较容易观察判断。因此，只有学生亲自实践，才能够体会到实验条件的控制对于获得正确实验结果的重要意义。本实验还可以改进为将葡萄酒滴在厨房用纸上，然后再分别在不同位置滴白醋溶液和食用碱溶液观察颜色变化，实验现象更加直观，对比性更强，而且实验快捷、便利。

实践作业设计不仅能帮助学生应用弱电解质的电离平衡的知识，也能体会趣味实验的乐趣，更能直观体验到实验改进的妙处，对于培养学生创新精神以及科学精神都有重要意义。

四、助学案例

弱电解质的电离

[学习目标]

1. 通过实验探究，认识电解质的电离程度有强弱之分，知道弱电解质的判断依据，能初步判断强弱电解质。

2. 通过实验探究，证明弱电解质在水溶液中存在电离平衡，理解电离平衡的影响因素，建立水溶液体系"宏观现象—微观分析—符号表征"的认知模型。

3. 通过数字化实验，体验化学学科研究手段的发展和进步；通过追溯电离理论建立的过程，体会化学研究者的科学态度和科学精神。

[学习重点] 设计实验证明电离平衡的存在。

[学习过程]

课前案　温故知新

活动形式	活动过程与结果
自主学习 独立完成	1. 写出氯化氢、氢氧化钠、醋酸铵、醋酸钠在水溶液中的电离方程式。 ＿＿＿＿＿＿＿＿＿＿＿＿＿＿，＿＿＿＿＿＿＿＿＿＿＿＿＿＿， ＿＿＿＿＿＿＿＿＿＿＿＿＿＿，＿＿＿＿＿＿＿＿＿＿＿＿＿＿。 2. 写出你所知道的弱酸和弱碱各三种？ 弱酸：＿＿＿＿＿＿＿＿＿＿＿＿，弱碱：＿＿＿＿＿＿＿＿＿＿＿＿。 3. 已知：$pH = -\lg c(H^+)$。 某酸 $pH = 1.0$，则 $c(H^+) =$ ＿＿＿＿＿＿＿，某酸 $pH = 2.3$，则 $c(H^+) =$ ＿＿＿＿＿＿＿； pH 数值越小，表明 $c(H^+)$ ＿＿＿＿＿＿＿。 4. 阅读资料卡片 1 和 2，了解酸碱指示剂和红葡萄酒中的花青素。

资料卡片 1：酸碱指示剂

指示剂是一种针对另一物质的形态或条件给出视觉信号（通常为颜色变化）的物质。能够对酸或碱做出响应而变色的物质称为酸碱指示剂。酸碱指示剂是一些有机弱酸或弱碱，在溶液中存在电离平衡，而其分子与电离出的离子呈不同的颜色，因此，pH 改变时，由于分子、离子含量的变化，会引起溶液颜色的变化。例如，石蕊（以 HA 表示）的电离平衡和颜色变化：

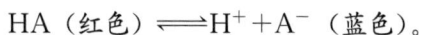

$$HA（红色）\rightleftharpoons H^+ + A^-（蓝色）。$$

在酸性溶液里，红色的分子是存在的主要形式，溶液显红色；在碱性溶液里，上述电离平衡向右移动，蓝色的离子是存在的主要形式，溶液显蓝色；在中性溶液里，红色的分子和蓝色的酸根离子同时存在，所以溶液显紫色。石蕊能溶于水，且能溶于酒精，变色范围是 pH 5.0~8.0。

资料卡片 2：红葡萄酒与花青素

红葡萄酒是一种深受大家喜爱的酒精类饮品。葡萄酒中含有的抗氧化物质，能够加强身体的新陈代谢，有效帮助肌肤避免出现色素沉着、松弛、长皱纹等问题。而这些效果产生的重要因素之一就是花青素。研究表明，花青素是当今人类发现最有效的抗氧化剂，也是最强效的自由基清除剂，花青素的抗氧化性能比维生素 E 高 50 倍，比维生素 C 高 20 倍。自然发酵酿造的红葡萄酒中含有丰富的花青素；市售的某些劣质葡萄酒由色素、酒精、香精和甜蜜素加水勾兑而成，不含花青素。

花青素，又称花色素，是自然界一类广泛存在于植物中的水溶性天然色素。花青素是植物花瓣中的主要呈色物质，水果、蔬菜和花卉等呈不同的颜色大部分与之有关。花青素存在于植物细胞的液泡中，可由叶绿素转化而来。

花青素在 pH 小于或等于 3 的酸性条件下稳定，其颜色随 pH 的变化而变化；pH 小于 7 时为红色；在 7~8 时呈紫色；大于 11 时呈蓝色。

课中案　孜孜以求

活动一　"心动元"：心动入境 发现电离平衡（10 min）

活动时间	活动形式	活动过程与结果
3 min	合作实验 观察记录	问题 1：相同浓度的盐酸和醋酸溶液中的 H^+ 浓度是否相同 实验内容：在两支分别盛有 5.0 mL 相同浓度的盐酸和醋酸溶液的试管中，同时加入相同大小、相同形状的镁条，观察反应的快慢，并记录

活动时间	活动形式	活动过程与结果
4 min	小组实验 记录总结	用两组 pH 传感器同时测试 0.1 mol/L 的盐酸和醋酸溶液的 pH，并将其换算为 c（H^+），将结果填入表格中〔已知：pH＝－lg$c$（H^+），c（H^+）＝10^{-pH}〕 实验结论： 盐酸中的 H^+ 浓度_____相同浓度的醋酸溶液中的 H^+ 浓度（填"大于""等于"或"小于"），说明 HCl 和 CH_3COOH 的电离程度_____（填"相同"或"不同"）
3 min	思考记录	问题 2：电解质的不同电离特征。 强电解质：像 HCl 这种在水溶液中_____电离的电解质，包括_____。 弱电解质：像 CH_3COOH 这种在水溶液中_____电离的电解质，包括_____。

在 4 min 行的活动过程与结果单元格内含下表：

	0.1 mol/L 的盐酸	0.1 mol/L 醋酸
pH		
c（H^+）		

活动二　"主动元"：主动探究 认识电离平衡（22 min）

活动时间	活动形式	活动过程与结果
17 min	小组实验 设计与 分享	问题 1：设计实验证明醋酸溶液中存在醋酸的电离平衡。 限定溶液：0.1 mol/L 醋酸溶液；限定仪器：pH 传感器；其他试剂仪器任选。 小组实验过程：①小组讨论，设计方案（4min）；②小组交流，评价方案（4min）；③小组合作，实施方案（4min）；④共享结果，分析交流（5min）
5 min	归纳整理	问题 2：影响醋酸电离平衡的外界条件有哪些？

活动三 "互动元"：互动评说，应用电离平衡（8 min）

活动时间	活动形式	活动过程与结果
1 min	观看视频	问题：验证红葡萄酒中含有花青素 1. 葡萄皮中提取花青素及其部分性质演示
2 min	小组讨论	2. 设计实验方案 实验药品及仪器：红葡萄酒、食用碱溶液、白醋、试管
2 min	小组合作	3. 实验现象
3 min	小组交流	4. 结果分析

课后案 诊断评价

1. 某饮料的配料表如下图，如何判断方框内的物质是强电解质或弱电解质？

西柚汁含量 12%

配料表: 水、白砂糖、浓缩西柚汁、果葡糖浆、食品添加剂（柠檬酸、果胶、柠檬酸钠、羧甲基纤维素钠、D-异抗血酸钠、焦磷酸钠、六偏磷酸钠、DL-苹果酸、β-胡萝卜素）维生素C（L-抗坏血酸）、食用香精

2. 分析一元弱酸（HA）、一元弱碱（BOH）的电离平衡过程，并完成下列题目。

（1）写出弱酸、弱碱的电离方程式。

（2）填写下表的空白（请用"最大""最小""变大""变小"或"不变"填空）

HA 电离过程中体系各粒子浓度的变化

	$c(H^+)$	$c(A^-)$	$c(HA)$
HA 初溶于水时			
达到电离平衡前			
达到电离平衡时			

BOH 电离过程中体系各粒子浓度的变化

	$c(B^+)$	$c(OH^-)$	$c(BOH)$
等体积等浓度的 B^+、OH^-溶液相混合时			
达到电离平衡前			
达到电离平衡时			

3. 家庭小实验：利用家庭厨房用品检验家中红葡萄酒是否含有花青素。

第二部分

课例论文

提升语文学科核心素养的"主动元"研究

"灵动三元"助学模式是指以"心动元、主动元、互动元"为基本框架，以"学生为主体、教师为主导、思维为主线、发展为宗旨"为教学理念的课堂教学模式。基于学生核心素养发展的"灵动三元"助学课堂，就是努力由关注"教"向关注"学"转变、由"教会知识"向"教会学习"转变。

《普通高中语文课程标准（2017年版）》（以下简称"语文新课标"）指出，"语文学科核心素养是学生在积极的语言实践活动中积累与构建起来，并在真实的语言运用情境中表现出来的语言能力及其品质；是学生在语文学习中获得的语言知识与语言能力，思维方法与思维品质，情感、态度与价值观的综合体现"，包括语言建构与运用、思维发展与提升、审美鉴赏与创造、文化传承与理解四个方面。在"灵动三元"助学模式的指导下，提升语文学科核心素养的"主动元"就是在语文学科的教学设计和教学过程中采取激发学生学习主动性的教学策略，以使学生在语文学习中变"被动学习"为"主动学习"，逐渐形成自主地发现问题、思考问题、解决问题的学习习惯。对"主动元"的探究能激发学生主观能动性，发挥学生的潜能，使学生真正成为学习的主体，学会独立探究和合作探究，最终成为有自主思考能力的个体。

在语文教学设计和教学过程中，要使学生主动参与课堂的学习，就要对学生学情和学科学习规律进行研究，再有针对性地提出提升学生语文学习动力的"主动元"。根据建构主义学习理论，教师可借助学生原有的知识储备来帮助学生理解新的知识，由此，可运用"引启回忆，促生独思"的"主动元"引发学生的回忆，促进他们对新知识的理解。根据文学理论中对读者和作者关系的分析，教师可运用"激发想象，促生共情"的"主动元"，帮助学生更准确、深入地理解课文；还可运用"换位思考，促生体验"的"主动元"，使学生融入课文，深入体验和解读文本。根据建构主义学习理论提出的真实情景学习法，教师还可运用"模拟情境，促生合作"的"主动元"，尽量让学生在真实的、实践性的语言活动中学习。以下是对这四个提升学生语文学科核心素养的"主动元"的阐释。

一、引启回忆，促生独思

建构主义学习理论认为，学习既是对新信息的意义的建构，也包含对原有经验的改造和重组；对于学习者的许多开放的知识结构链，教师要能让其中最适合追加新的知识单元的链活动起来，这样才能确保新的知识单元被建构到原有的知识结构中，形成一个新的开放的结构。在语文学习中，要使学生更好地建构语言和运用语言，就要尽量联系学生原有的生活体验和知识结构，使学生在旧的语言知识和新的语言知识的对比联系中，独立而主动地对比、梳理、整合，提升自己的语文学科素养。

《沁园春·长沙》是初中学生进入高一的第一课，教师尤其应该引导和启发学生回忆原有的语言知识储备，这既可以使学生感知到高中与初中语文学习的关联，也可使学生更快地理解到《沁园春·长沙》的思想情感。教师在教学设计中，可先向学生进行一系列的发问："大家能用一句话简要说说你所了解的毛泽东同志吗？""同学们初中学过毛泽东同志的哪些作品？""你们能背一背《沁园春·雪》吗？""大家预习后觉得《沁园春·长沙》和《沁园春·雪》的语言风格一样吗？"互动后，教师可以适当小结并导入："两首词都是豪放的风格，但写的内容和表达的情感又是否类似呢？接下来，我们就进入新课的学习，品一品《沁园春·长沙》的思想感情。"在课堂导入环节，用问题引导和启发学生回顾旧知识，可促使学生回忆并组织语言进行表达。教师的提问要注意引导学生发现新的课文的不同之处，这不同之处就是在课堂教学中要着重引导学生分析和理解的重点教学目标。

高中的语文教材和初中的语文教材在选材方面有很多关联点。比如，相同的作者，李白、杜甫、苏轼、辛弃疾、李清照、鲁迅等；相同的题材，如咏史怀古诗、羁旅送别诗、人物传记、写景抒情散文等。教师在教学中，可注重引导学生回忆相同作者的不同篇目，思考异同；也可引导学生回忆不同作者相同题材的篇目，找寻共性。例如，学习苏轼的《念奴娇·赤壁怀古》时，可让学生回忆初中学过的《江城子·密州出猎》和《水调歌头》，启发学生思考同一作者在不同的人生阶段表达出的不同的语言风格和情感；学习杜甫的《咏怀古迹（其三）》时，可引导学生回忆初中学过的《赤壁》和《山坡羊·潼关怀古》，归纳出咏史怀古诗的写作规律。

语文新课标提出："在已经积累的语言材料间建立起有机的联系，在探究中理解、掌握祖国语言文字运用的基本规律。"在教学中，教师要始终关注学生已掌握的语言材料，运用引启回忆的提问方式，启发学生自主回忆和思考。

二、激发想象，促生共情

有学者提出，读者作为文学接受的主体，不仅是阅读作品的人，而且是与作者生活于同一世界的主体，双方通过作品进行潜在的精神沟通。学生是知识结构还不成熟的特殊读者，加之个人的生活体验和作者的生活体验有较大的差异，在文本的学习中便可能会存在理解作者意图的障碍，容易错误理解，甚至歪曲作者的写作意图，很难与作者进行平等的精神沟通，进而难以达成"共情"。因此，在语文教学中，应探究引导学生与文本产生共情的"主动元"。教师可借助语言、音乐、图片、视频等多种方式，激发学生的想象能力，让学生在想象中逐渐进入文本的情境之中，在沉浸式的氛围里，与文本产生共情，这有助于提升学生的审美鉴赏能力，也能启发学生的审美表达。

《边城》是文学界颇具美感的小说，表现出风景美、风俗美和人情美，但是在课堂教学中，大部分学生都没有农村生活的经验，因而很难进入《边城》所描绘的"世外桃源"般的文学世界中。要想引导学生进入文本，教师可在教学设计中，多运用描绘型的语言，并配上湘西风景图、风俗图，激发学生对"边城"的诸多想象。比如，可用语言向学生描绘："同学们，也许你不曾到过一个偏远的小镇，但那个小镇却静静地在山水环绕的地方演绎着一群朴实的人的悲欢离合。那是一个怎样的小镇啊？那里有绿得发暗的群山，那里有一座高高的白塔，那里有清得透底的河水，那里有叫唤着的野鸭，那里有撑船的老人，那里还有一个和你们一般大小的、从来没有离开过这山这水的翠翠。请大家想象一下，在这样的边城中生活的翠翠会是一个什么样的人呢？"这种富有诗意的语言描绘，能使学生跟随老师的语言进入对边城的想象之境中。教师可再辅以图片，进一步引导学生感知作者沈从文所描绘的湘西的"美"的世界，提升学生的审美鉴赏能力。

再如在《苏武传》的教学中，由于学生学习文言文一直存在难以理解的问题，要让学生真切地感知到苏武坚守民族气节的伟大形象，就需要教师用直白、形象的语言进行描绘，使学生仿佛看到苏武在北海牧羊多年后的憔悴面貌，激发学生在脑海里想象他的形象，促生情感体验。教师可在分析苏武形象的时候说："苏武宁可以身膏草野，也不愿称王享富贵；宁可啮雪吞毡，也不受胁迫归顺单于；宁可不孝不慈，也不遗忘君恩。数十年后，他在北海荒凉的草原上，拄着已破旧不堪的节杖，满目苍凉，鬓发如霜，衣衫褴褛，步履蹒跚。我们站在远处，凝望着他孤独的身影。同学们，你们现在想对这样一个老人说些什么呢？"这样的语言很容易激发学生的思考，并引导学生表达内心的情感，使学生的形象思维和创造思维得到提升。

语文新课标在"学习质量"描述中说，希望学生"借助联想和想象丰富自己对文学作品的体验和感受，能品味语言、感受语言的美"。在语文课堂中采用激发学生进入想象之境的语言、音乐、图片、视频等，有助于学生更准确和深入地理解文本，提升语文审美素养。

三、换位思考，促生体验

语文新课标在基本理念中说："通过改革，让学生多经历、体验各类启示性、陶冶性的语文学习活动，逐渐实现多方面要素的综合和内化。"要激发学生学习的主动性，教师可引导学生进行换位思考，化身为课文中的某个人物，设身处地去体验文本中人物的语言、思想、感情等。教师要引导学生尽量运用假想、换位思考的方式，变课文中的间接体验为直接体验，以走进课文、融入课文。这样能使学生自主地思人物所思，感人物所感，悟人物所悟。

在《沁园春·长沙》的教学过程中，教师可用提问的方式多次引导学生换位思考。例如，在赏析词的上片所描绘的壮美秋景时，可问学生"假若是你身临其境地看到了这样生机勃勃的、壮美的秋景，你会涌出哪些想法？"，引导学生站在毛泽东同志的角度进行思考，激发学生对美景的喜爱之情。在上片中，作者提出"怅寥廓，问苍茫大地，谁主沉浮"的疑问，教师可联系写作背景，向学生展示那个时代社会底层百姓生活艰辛、困苦的图片，再问学生"假如是你，被眼前壮美的秋景吸引，但那个动乱的社会里有太多的人流离失所、衣不蔽体、食不果腹，美景之下不是美好的人们，而是受苦受难的人们，你会做何感想呢？"，引导学生感知毛泽东同志所处时代的社会情况，进而产生和毛泽东同志类似的为美景而乐、为百姓之苦而悲的感受，领悟到本词"以天下为己任"的壮志豪情。

诗词教学中可引导学生换位思考，小说、散文、传记、杂文等的教学也都可尝试引导学生换位思考，重在抓准容易激发学生情感体验的点进行换位式设问。比如，在《记念刘和珍君》的教学中，教师在分析了主要人物"刘和珍"的形象后，可引导学生换位为刘和珍的同学。"同学们，假如你是曾和刘和珍朝夕相处的同学。昨天，她还和你一起坐在教室里学习，向老师请教问题，还微笑地看着你，现在，她却因参与反对帝国主义侵略的游行，而失去了自己宝贵的生命。你想对她说些什么？请你以同学的身份为她写一段简短的悼词。"这样的方式拉近了学生和人物的距离，引导学生自主地产生感触。

在学习中，直接体验的学习往往比间接体验的学习有更深刻的体悟。语文的课文是作者的直接体验，但对于学生而言就是间接的体验。运用换位思考的"主动元"，可带给学生类似于直接体验的学习感受，使学生的学习自主性增强。

四、模拟情境，促生合作

学生在语文学习中缺乏主动性，一个重要的原因是难以体验到语文的应用价值。要使学生体验到语文的应用价值，就要尽量联系社会现实，模拟真实情境，

刘永康在《西方方法论与现代中国语文教育改革》中提道："使学生在一个完整真实的事件背景中产生学习需求，并通过共同体中各成员的互动、交

流，凭借自己的主动学习、生成学习、亲自体验，自主地理解事件，建构意义。"模拟性的情境将使学生自主地参与讨论，期待分享，获得提升。

在高中阶段，对于文言文的学习，学生往往会产生"枯燥乏味"的感觉。这主要是由于教师的教学设计难以联系现实生活，更难以激发学生主动思考的意愿。在文言文教学中，大可以模拟真实情境，变古为今，设置现实性强的场景，激发起学生参与课堂的兴趣，引导学生进行合作探究。例如，在《陈情表》的教学设计中，教师可先分析李密在文本中表达出的孝情，引导学生品读文本中"臣无祖母，无以至今日；祖母无臣，无以终余年""乌鸟私情，愿乞终养"等表达李密拳拳孝心的句子，然后联系当代中国人口老龄化加剧的问题，向学生展示"空巢老人""留守老人"等现象，让学生分组模拟"人民代表提案"，选出提案记录员和发言代表，合作讨论解决老龄化问题的提案。这样的情境很容易促使学生动脑思考，主要原因在于：第一，学生在《陈情表》的文本学习中，有感于李密的孝情；第二，在古今对比中，学生容易对当代缺乏孝道的一些现象感到义愤填膺。在文言文教学中，教师要善于对比传统文化元素在古代社会和当代社会中的表现异同，巧创情境，引导学生合作探究，使学生理解到传统文化的价值，更探究出传统文化在当代新的呈现方式。

另外，在其他文体的教学过程中也可以模拟情境，激发学生的参与兴趣。比如，在学习《声声慢》的时候，就可以模拟一场"选美大赛"，让学生在王昭君、杨玉环、李清照、林徽因，以及当下的一些美女中，评选出真正的"美人"。评选后，需要说明评选的理由。这样的选美情境，会使学生积极参与，激烈探讨，教师最终引导学生理解到真正的"美人"当是李清照或林徽因，因为她们不仅貌美更是有才华与精神美，进而引导学生进入《声声慢》的学习，去感知李清照坎坷的命运，领略李清照超凡的才情。

此外，还可在语文教学中模拟辩论会、新闻发布会、演讲、招聘等情境，促使学生合作探究，将课文和现实社会中应用价值强的情境进行结合，形成能激发学生自主参与的有效"主动元"。这既可提升学生的语言建构和运用的能力，也能提升学生的多种思维能力，大大提高学生的语文学科核心素养。

教师要用灵活多样的"主动元"，设计出更多让学生独立探究、合作探究的语文教学模式，使学生的语文学科核心素养得到提升。运用"灵动三元"助学模式的语文课堂也能更好更快地改变学生被动学习的状态，使学生成为课堂的主体、学习的主体。

（供稿：谢美红）

参考文献

1. 中华人民共和国教育部. 普通高中语文课程标准［S］. 北京：人民教育出版社，2018：6.

2. 刘永康. 西方方法论与现代中国语文教育改革［M］. 北京：人民出版社，2007：129.

例谈英语教材阅读教学中的"主动元"设计

《普通高中英语课程标准（2017 版）》（以下简称"英语新课标"）指出，"普通高中英语课程具有重要的育人功能，旨在发展学生的语言能力、文化意识、思维品质和学习能力等英语学科核心素养，落实立德树人根本任务"。语言能力构成英语学科核心素养的基础要素，文化意识体现英语学科核心素养的价值取向，思维品质体现英语学科核心素养的心智特征，学习能力构成英语学科核心素养的发展条件，它们共同服务于英语课程的总目标。这四大要素融合互动、协调发展，是所有学生应具有的学科综合素养，是英语课程的育人指引。

一、制约学生英语学科核心素养发展的的问题

学习内容单一。传统的英语课堂教学一般是以词汇、语法知识为主线，技能训练、情境训练、思维拓展等环节薄弱。教师大都只基于教材设计教学活动，缺乏知识的拓展和迁移。

教学模式陈旧。传统的教学模式是以知识传授为主，忽略了学生的主体地位，缺乏情感、态度、价值观的培养。在传统的教学模式下，学生习惯于死记硬背，缺乏英语学习兴趣。

要改变高中英语教与学的现状，教师必须创新教学模式，"灵动三元"助学模式应运而生。通过"灵动三元"助学模式，教师可以弥补目前英语教学的不足，促进学生英语核心素养的培养和发展。

二、"主动元"的设计与实施

"主动元"是贯穿整个课堂教学的主线，是学生核心素养形成的工具之一。在"主动元"实施过程中，教师要以学生为中心，优化教学设计和教学方式，积极主动地为学生设计结构化、情境化、过程化的活动，以促进学生英语学科核心素养的形成和提升。

"主动元"实施的过程主要包括三个活动，即前置学习活动、课堂探究活动、课后实践活动。通过主动探究培养学生英语学科核心素养，使学生的语言能力、文化意识、思维品质和学习能力在教学活动中得以培养。笔者将通过课例对主动元的实施过程做阐释。

（一）前置学习活动

课例一：（KWL 表格作为课前案）

语篇分析：本课例素材选自外研社版《高中英语》选修六 Module 5 Vocabulary and Reading：Cloning and DNA。该文的主题是克隆和 DNA，介绍了克隆和 DNA 的定义，以及发展的几个阶段，重点阐述了克隆的优缺点。

该文篇幅较长，单词难度较大且专有名词较多。为了让学生更好地理解文章，笔者在课前先把 KWL 表格（表 1）发给学生，让学生预读课文，鼓励学生在网上或者课外书上搜集和克隆有关的知识，并填写表格前两栏。

Ⅰ．K—You can tell anything you know about DNA and cloning.

Ⅱ．W—What do you want to know about cloning and DNA?

表 1　KLW Chart

Topic：Cloning and DNA		
What I know? （我知道什么?）	What I want to know? （我想知道什么?）	What I learned? （我学到了什么?）

实例展示：

KWL Chart 是国外教学中常用的图表之一。使用 KWL 表格，可以引导学生获取与阅读主题相关的背景知识，激发学生进一步阅读的愿望与主动学习的动力，尤其可以促进学生思维品质的培养，提高学生的学习能力。

（二）课堂探究活动

课例二：本课例素材仍选用外研社版《高中英语》选修六 Module 5 Vocabulary and Reading：Cloning and DNA。笔者设计了四个活动。

1. 活动一：知识竞答

笔者让学生先细读文章前三段，再进行知识竞答活动。笔者设计了七个问题，这些问题都是从文章前三段提炼出来的，难度适中。而且从设计范围来看，正好涵盖了这个部分的重点信息。具体问题如下：

Ⅰ. What is DNA?

Ⅱ. What is an enzyme?

Ⅲ. What is a clone?

Ⅳ. What's the name of the first cloned mammal in the world?

Ⅴ. Who is the first man to record the results of growing pea plants?

Ⅵ. Who discovered the structure of the acid DNA?

Ⅶ. What was Cohen and Boyer's achievement mentioned in the passage?

从内容上看，这些问题刚好可以使用人教版高中生物必修 2 "遗传与进化"一章的知识要点来回答。问题的设计体现了跨学科融合教学的理念。此外，这个环节将枯燥地查找文章细节变成了知识竞答，激发了学生的学习兴趣，使学生积极参与到课堂教学中。

2. 活动二：辩论

克隆一直是一个有争议的话题，所以笔者设计了辩论这个环节，让学生自由选择支持或者反对克隆，并选派代表参加辩论。

此环节的设计旨在让学生在深层次理解文章的基础上，将所学知识内化并输出。辩论是一种自由的交流。在辩论的过程中，学生通过自主探索、大胆思考、自由交流，在发展语言能力的同时，也提升了思维水平和学习能力。

3. 活动三：层层递进的设问

笔者设置了三个问题，层层递进且能够引起学生的共鸣。学生在反思作者观点的基础上，进一步跳出课文表达自己的看法。英语学科核心素养培育目标在于全面育人，不是单纯地把语言作为知识来教学。教师也要引导学生在基于文本、深入文本、超越文本的阅读解读教材的过程中，实现从理解到应用再到迁移创新的目标。笔者设置的具体问题如下：

Ⅰ. If you had the power, would you ban cloning or would you encourage it? Why?

Ⅱ. Suppose you had a chance to clone a person, who would you like clone and why?

Ⅲ. Can we really get the person we want?

4. 活动四：真实情境创设

笔者给学生展示了两则新闻，一则是中国科学家成功克隆灵长类动物猕猴，一则是世界首例免疫艾滋病的基因编辑婴儿在中国诞生。这两则新闻，使这篇文章的主题回归现实，让学生探讨克隆技术应用的现状及其社会伦理倾向，从而实现对教材文章体现的情感态度、价值观等的综合分析和评价，有助于学生核心素养的发展。

（三）课后实践活动

课例三：外研社版《高中英语》选修七，文章篇幅长，生词多且长难句多，对于学生来讲有比较大的学习难度。针对此种情况，笔者让全班学生分组，实施每个模块的课后实践活动。以选修 7 Module1－2 为例，具体操作如下：学生各自在网络或者其他文献资料里，查找主题相关信息，此后于组内分工协作（填写分工情况表，见表2），并在课堂上展示成果。

表2　课后实践活动分工情况表

小组	话题	内容	负责人
一组	篮球	知名球员、球员位置	
		篮球的基本规则	
		知名篮球比赛	
		幻灯片制作	
		课堂 presentation	
二组	文学	狄更斯个人基本信息、生活时代背景	
		狄更斯的著名作品	
		《雾都孤儿》剧情、写作意图	
		幻灯片制作	
		课堂 presentation	

学生通过课后实践活动可以在了解原文的基础上对语篇和主题进行拓展学习；通过小组合作可以培养合作意识；在查找资料、制作幻灯片的过程中，能培养自主学习的能力，进而提升英语学科核心素养。

三、结语

英语学习不只是语言知识的学习，也不只是语言技能的掌握，而是要培养综合语言运用能力。"灵动三元"助学模式将英语教学的重心明显地转移到了学以致用、技能训练等方面，从关注语言转向关注人的教育，强调对学生的终身学习能力的培养，将课堂还给学生，让学生主动思考、探索。

（供稿：马莎）

参考文献

1. 梅德明，王蔷. 普通高中英语课程标准解读 2017 年版［M］. 北京：高等教育出版社，2018.

2. 杨九诠. 学生发展核心素养三十人谈［M］. 上海：华东师范大学出版社，2017.

3. 中华人民共和国教育部. 普通高中英语课程标准（2017 年版）［S］. 北京：人民教育出版社，2018.

4. 马艳玲. 高中英语学科核心素养与高中英语教学的融合［J］. 当代教研论丛，2019（4）.

5. 饶盛. 高中英语阅读教学中学生核心素养的培养［J］. 英语教师，2018（11）.

6. 王黎. 英语学科核心素养视域下的高中英语阅读教学策略研究［J］. 黑龙江教育学院学报，2019（7）.

与文本对话，科学阅读，培养理性的思维习惯

——例谈生物教学中的"互动元"

苏霍姆林斯基说："30 年的经验使我深信，学生的智力发展取决于良好的阅读能力。"良好的阅读能力通过科学阅读来获取，而科学阅读是培养理性思维的重要载体。理性思维是中学生物课程要培养的学生的核心素养之一，主要是指通过严密的思维，按照一定的规则程序而对各种事物进行逻辑推理的一种创新方法。理性思维方法主要有比较、分析、综合、概括、类比、抽象、演绎等。

通过科学阅读，培养学生的理性思维习惯，是教师的职责。生物学科的科学阅读，要求教师引导学生阅读生物学资料，获取生物学知识，理解并应用这些知识解决生物学问题。因此，在生物教学中，教师要引导学生与教材、科普资料、习题等文本开展深入的对话。

一、与教材文本对话

教材是学生共有的阅读素材，与教材文本展开深入的对话也是培养理性思维习惯最日常的方式。

案例 1：人教版生物学 必修 1"分子与细胞"第二章第一节"细胞中的元素和化合物"的第一个知识点是"生物界与非生物界在元素组成上的统一性与差异性"。教材在"问题探讨"栏目中以一个数据表格作为本知识点的文本素材，而"生物界与非生物界在元素组成上的统一性与差异性"这个结论需要学生通过阅读表格、分析思考才能得出。从阅读到分析数据，再到整理思维，然

后用较为概括的语言表达结论，这个过程对学生而言是有一定难度的。在教学过程中可能会出现以下的情况：

师：这张表格的数据说明了什么？

生：生物体总是和外界环境进行着物质交换。

教师做评价与分析……

正文引言中的回答是针对表格中数据元素种类相同而数值差异很大所做的分析和解释，从对这张表格的分析中得不出这位同学念的"结论"。

这时就需要教师以具体阅读内容为载体，引导学生理性思维，对教材文本中数据的含义、表格的性质、文字标注补充的信息、段落的主题句等进行分析，使学生从文本素材中提取关于这个知识点的核心线索。把这个知识点作为结论告诉学生并不难，但带领学生通过理性思维由文本推导出结论是教师对高一学生开展生物学文本阅读指导的好时机，也是引导学生感受"科学阅读必须和理性思维同行"的好时机。

案例2：在讲授人教版生物学 必修1"分子与细胞"第二章第二节"生命活动的承担者——蛋白质"中的氨基酸结构特点这一知识时，学生的有机化学方面的知识储备为零。此时，教师单方面的灌输，效果往往不佳，让学生机械地背诵也不利于其思维发展。教师应通过让学生阅读教材文本、观察几种构成蛋白质的氨基酸，通过比较、分析找出它们的共同特点，从而归纳并概括出构成蛋白质的氨基酸的结构通式以及结构特点。

高中生物学教学中适合作为阅读与思考的文本很丰富。与理性思维同行的科学阅读指导，有利于让学生体会宏观阅读（体会目录、章节、段落关系的阅读）和微观阅读（从多个角度解读一个知识点）的方法、用途和基本技巧等，以便学生逐渐具备科学阅读的能力。

二、与生物科普资料对话

生物的生态学前沿知识通常会作为信息题。例如，2018年高考生物全国卷1第29题第2问是"根据生态学家斯坦利的'收割理论'，食性广捕食者的存在有利于增加物种多样性，在这个过程中，捕食者使物种多样性增加的方式是＿＿＿＿＿＿"该题要求学生能根据前沿信息"收割理论"来推理作答。所以教师在平时的教学中可以引导学生阅读一些科普资料。科普资料的阅读既可以增加学生对生物的学习兴趣，起到活跃课堂氛围的作用，同时还可以使学生在阅读科普资料的时候进行分析推理，训练他们的理性思维能力。

案例3：

科普资料1：行为生态学中的基本观点之一为，动物为了达到自身的最终目的，即最大限度地繁衍后代和延续自己的优质基因，必须以最有效的行为方式应对生态环境中发生的一切问题。行为生态学家认为现存的各种动物都是最能适应环境的物种，是适应环境的最佳决策者，为此提出最佳性理论、最优觅食理论、竞技理论等观点。最优觅食理论指动物获得最大的觅食效率所采取的各种方法和措施。

科普资料2：澳大利亚国宝考拉只以桉树叶为食（一种有毒植物，其他生物无法取食），性情温顺，行动迟缓，消化能力极差。小考拉（不能分解毒素）则以母亲粪便为食。

教师在给出这两则资料后，提出问题：**根据最优觅食理论分析考拉只以桉树叶为食的原因是什么？**

这个问题的答案不能直接得出，需要学生重新去阅读科普小资料，找出关键的信息，如最优觅食理论的概念、考拉的特点，然后根据已有的概念和信息进行合理的推理。例如，生物都存在竞争关系，考拉的行动缓慢，性情温顺，竞争力很弱，无法与其他生物竞争其他食物等。通过"总结概念—应用概念推理—得出答案"的思维模式，同时在此过程中反复与文本对话，最终找到答案。

　　需要注意的是，在通过阅读科普资料来培养学生的理性思维的时候，关键是教师所设置的探究问题的有效性。设置有效的探究问题才能引导学生进行科学、严谨的资料分析。

三、与习题文本对话

　　"与文本对话"中的"文本"还包括学生常常要面对的习题。学生只有深入地与习题文本对话，深刻地理解和分析了习题文本，才能有正确解答习题的可能。

　　案例4：（2016 年高考全国Ⅲ卷生物试题第 6 题）用某种高等植物的纯合红花植株与纯合白花植株进行杂交，F1 全部表现为红花。若 F1 自交，得到的F2 植株中，红花为 272 株，白花为 212 株；若用纯合白花植株的花粉给 F1 红花植株授粉，得到的子代植株中，红花为 101 株，白花为 302 株。根据上述杂交实验结果推断，下列叙述正确的是（　　）。

　　A. F2 中白花植株都是纯合体

　　B. F2 中红花植株的基因型有 4 种

　　C. 控制红花与白花的基因在一对同源染色体上

　　D. F2 中红花植株的基因型与 F1 红花植株的基因型相同

　　解析：该题考查的是学生的理解能力和综合运用能力。这个题难就难在怎么确定红花的基因是由一对基因还是两对基因控制。答题者要认真阅读题干，理清楚 3 个要点：第一，红花与白花杂交，子代全为红花，所以红花为显性；第二，自交后代红花与白花的比例；第三，纯合白花与测交后代的比例。再由这 3 个要点进行推理：红花为显性，自交后代为 9 : 7，测交后代为 1 : 3。这样该题就迎刃而解了。

　　由案例 4 的解析可以看出，教师在平时为学生讲解习题的过程中，应注重采取适当的方式，强化分析的程序和模式的构建，通过设问引导学生与题干文本对话，逐步推导解析。这样"细嚼慢咽"，可以使学生将陌生的试题情景置于熟悉的解题程序和推理过程中，有益于培养理性思维，而且以熟悉的思维程序和模式作为参照，容易找到思考的方向，对于学生应试和加快做题速度有很大帮助。

（供稿：陈家秀）

以审美核心素养为导向的"主动元"研究

——以赏《故都的秋》的悲凉美为例

《普通高中语文课程标准》（2017 年版）明确指出："语文学科核心素养是学生在积极的语言实践活动中积累与构建起来，并在真实的语言运用情境中表现出来的语言能力及其品质；是学生在语文学习中获得的语言知识与语言能力，思维方法与思维品质，情感、态度与价值观的综合体现。"学生的语文核心素养主要包括四个维度，即语言建构与运用、思维发展与提升、审美鉴赏与创造、文化传承与理解。其中，审美鉴赏与创造要求学生在语文学习中，通过审美体验、评价等活动构建起审美意识、审美情趣与审美品位，并在此过程中逐步强化表达美、创造美的能力。基础在发现美，重点在鉴赏美，目标在创造美。

一、以问题为指引，发现审美点

问题解决式教学，是一种基于建构主义，以问题为基础、以学生为中心的教学方法。它将学生置身于一个映射真实情境的结构问题之中，引导学生以积极的问题解决者的身份解决问题，从而培养学生的批判性思维和问题解决能力，同时使学生掌握课程要求的基础知识和基本技能。设问是问题解决式教学的第一步，巧妙的设问有助于顺利解决问题。

在品析《故都的秋》前，笔者对学生提问："你认为这篇经典的美文美在哪里？"得到的答案皆如意象美、音律美、手法美等，但是继续追问便会发现，这些都是他们的模式化答案，学生根本不知道具体怎样美的。于是，笔者展示以下两个语段，以设问的方式，引领学生发现本文独特的美。

语段一：

宝玉道："这些破荷叶可恨，怎么还不叫人拔去？"宝钗笑道："今年这几日，何曾饶了这园子闲了一闲？天天逛，那里还有叫人来收拾的工夫？"黛玉道"我最不喜欢李义山的诗，只喜他这一句：'留得残荷听雨声。'偏你们又不留着残荷了。"（选自《红楼梦》第四十回）

设问："残荷""稀雨"何等凄凉，黛玉为什么却对此情有独钟？

语段二：

庄子行于山中，见大木，枝叶盛茂，伐木者止其旁而不取也。问其故，曰："无所可用。"庄子曰："此木以不材得终其天年。"（选自《庄子·山木》）

设问：散木因其不材、无用而得以全其天年，这就是著名的"有用无用"辩，庄子说："无用之用，方为大用。"庄子为何如是说？

其实，语段一的"荷"虽枯，但亦有一种美，是一种瘦硬的风骨，是一种兀自独立的倔强，在雨的衬托下，更显出一份淡定自若，美得让人怜惜，让人心疼。于"散木"而言，丑到极处就是美到极处，枯萎衰败中也含有生意与生理。朱良志先生认为，东方人发现了枯槁的美感，在深山古寺、暮鼓晨钟、枯木寒鸦、荒山瘦水中追求一种独特的韵味。

历来有很多的文人学者对《故都的秋》的语言之美、结构章法之美、情感之美、手法之美、韵律之美等进行了研究和论述，但是，《故都的秋》之美绝不仅如此，最起码还应包括意境的凄凉之美。对学生而言，发现凄凉的景物轻而易举，然后，要理解鉴赏"凄凉"何以为美却绝非易事。

在"灵动三元"课堂助学模式的指引下，充分运用问题解决式教学，以兴趣为指引，以问题为导向，找准鉴赏文本的有力突破点，激发学生对知识的欲望，是培养学生审美核心素养的基础。

二、自主探究，初步审美

自主探究教学法，即引导学生在学习兴趣的引领下，自主学习，主动去进行知识建构的教学方法。在学生的学习兴趣被激发后，笔者便引导学生思考

"故都的秋有着怎样的悲凉？悲凉与美之间有着怎样的逻辑联结？悲凉何以被称为美？"，让学生在解决问题的过程中感受美、鉴赏美，建立起初步的审美意识，为创造美做准备。

故都秋之悲凉，即使从标题，也可略见一斑："故都"并不是北平的官方名称，也不是北平的民间称呼，把北平称作故都，在"都"前冠以落寞沧桑之意的"故"字，给全文笼上了一层淡淡的悲凉，更显示出"故都"的文化厚重感和历史沧桑感。"故都"与"秋"所组合，不禁让人肃然感受到故都的苍凉和凄清。

再看作者在"秋晨小院图"中选取的景象，"陶然亭的芦花，钓鱼台的柳影，西山的虫唱，玉泉的夜月，潭柘寺的钟声""一椽破屋""一碗浓茶""几根疏疏落落的尖细且长的秋草""牵牛花"等，总给人以清静、安宁之感。乍看，悲凉的意味似乎并不突出。然而，仔细探究会发现：陶然亭因白居易"更待菊黄家酿熟，与君一醉一陶然"而得名；钓鱼台因金章宗在此钓鱼而得名，又因王郁在此隐居而著名……相比阔大华丽的景象，这些景象更多表现出一种闲适、清冷的野趣。西山因红叶而闻名，但是作者却不选择红叶，而钟情那浅浅的虫唱，"草虫鸣何悲""秋声一半在虫鸣""岁晚虫鸣寒露草"，展现出强烈的悲凉意味，而那夜半从寺院中传出的钟声，更对这种悲凉之意进行了浓郁的渲染。这样的景象选择可谓是作者的匠心独运，一方面，字里行间不时地透出故都、皇城因素，表现作者深沉的爱国情怀，另一方面又难忘"悲凉"之感的芦花、虫唱，表现他内心的落寞和感伤。二者的纠缠交错，反映出作者情感的复杂。

还有那秋槐落蕊，秋风一过，飘得满地都是，在历代悲秋诗文的渲染下，不禁让人有满目疮痍之悲感。然而，一阵清扫后，灰土上留下的一丝丝扫帚的纹路，已然让人深感生命的消逝，不禁让人悲从中来。

到秋天，蝉的叫声不再是高亢的，而是"衰弱""残破"的。一阵凉风过后，秋雨便让人感觉到一阵阵的凉意。还有秋果，呈现出"淡绿微黄的颜色"。西北风起，北方便是尘沙灰土的世界，衰败之景赫然在目。以上景象，无不带给人一种浓浓的凄凉之感。可见，故都的秋真是"清、静、悲凉"的。然而，悲凉何以呈现出"美"？

从传统的解读方法入手，通过抓取景象的方式，感受文章的意境，形成对故都之秋的总体印象，为深度鉴赏故都秋的悲凉之美做铺垫。

三、以知识的结构化联系为抓手，深度审美

所谓知识的结构化，是指将逐渐积累起来的知识加以归纳和整理，使之条理化、纲领化，做到纲举目张。知识是逐渐积累的，但在头脑中不应该是堆积的。个体解决问题能力的强弱取决于个人所获得的有关知识的多少及其性质和组织结构。学生只有对知识的学习实现概念化、条件化、结构化、自动化、策略化，才能真正促进问题的解决。

孔子主张"不愤不启，不悱不发"，在学生思考而不得其解时，教师可以适度点拨，运用学生旧有知识结构，帮助学生解决问题，深度鉴赏悲凉美。

1. 来源于深厚的文化传统

中国文人，在形与神上，重"神"；在浓与淡上，重"淡"；在俗与雅上，重"雅"。这种"神""淡""雅"，营造出一种放逸消散、明洁素净的审美意境，与世俗人所追求的正好相反，象征着文人清高自适、绝不流俗的人格追求。屋子要是破的，才能显示出独特的意蕴；房子也不需要太多，"一椽"即可；日光不需要太耀眼，从树缝中漏下的几缕即可；牵牛花颜色太浓就毫无意趣，颜色越淡越是讨人喜欢；还有那秋草，绝不能又粗又肥、密密麻麻，须得是尖细且长、疏疏落落者才为佳。故"一椽破屋""疏疏落落的尖细且长的秋草"等悲凉之景皆能给人以美感。

历代关于秋的主题，从杜甫的《秋兴》"听猿实下三声泪"，到马致远的《天净沙·秋思》"断肠人在天涯"，乃至到曹雪芹的《秋窗风雨夕》"已觉秋窗秋不尽，那堪秋雨助凄凉"，都是把秋愁当作一种人生的悲苦来抒写的。诗人沉浸在悲愁之中，在读者看来诗人的秋愁是美的，但是，诗人本身却在追诉愁苦的重压。在郁达夫的《故都的秋》中，传统的悲愁主题有了一点小小的变化，那就是秋天的悲凉、秋天带来的死亡本身就是美好的，诗人沉浸在其中，却并不是什么悲苦，而是一种人生的享受，感受秋的衰败和死亡是人生的一种高雅的境界。

2. 来源于作者的艺术风格

郁达夫曾经说："总要把热情渗入，不能不达到忘情忘我的境界"。郁达夫提倡"静"的文学，以静为美，以淡雅、悲凉为美。所以，郁达夫认为满地的落蕊是美的，生命即将消逝的蝉的鸣叫是美的，叫人产生一阵阵凉意的秋雨也是美的。这些，都是郁达夫以"悲"为美的审美情趣的表现。而郁达夫的艺术风格又与作者的生平经历和个人气质有关。郁达夫生逢中国连年战乱、民不聊生的时期，居无定所，颠沛流离，饱受人生愁苦和哀痛，导致他思想苦闷。因此，作者描写的心中的"悲凉"已不只是故都赏景的心态，而是融入了对整个人生的感悟。郁达夫三岁丧父，在日本十年的异地生活使他饱受屈辱和歧视，这造就了他抑郁善感的气质。所以，以悲凉之景入文，展现此景深蕴的美感，是郁达夫散文的一大特色。

3. 悲景中蕴含着生的力量，让人流连

不是因为有悲秋的文化传统，有忧郁的作者，秋就一定得悲，并且呈现出深沉的美感。悲凉之秋景之所以能给予读者深刻的审美体验，起决定作用的，终究还是作品本身的意境和姿态。在本文中，即使是悲凉的景物也展现出一种生的希望与活力，如秋蝉，尽管只能发出"衰弱的残声"，生命即将完结，但依然奋力歌唱，随处可闻。"衰弱的残声"昭示的不是死亡，而是向上的生命活力。"秋雨"也是如此，"灰沉沉""凉风"言其"悲凉"，"忽而来"一阵凉风，立即就"息列索落地下起雨来了"，一层雨过了，天又晴了。北方的秋雨下得干脆、利落，给人们带来了凉爽。秋雨有凄凉，但又让人心里凉爽。"果树"也是如此，北方的枣树遍布屋角、墙头、茅房边上、灶房门口，到秋来，于满目尘沙灰土中呈现出一派丰收的景象，引领读者感受到丰收的喜悦和生命的热情。

解读之后，笔者顺势帮助学生梳理已学知识，建立知识间的联系：古代文人对秋的悲凉的感悟；常见意象蕴含的深刻的文化内涵；如何建立意象和作者主观情感的关联，如何深入鉴赏散文的内涵和文化。

鉴赏这样的一篇经典的美文和难文，如果仅仅停留在单个词句的揣摩和评鉴上，是远远不够的，必须要展开思维的翅膀，让学生结合作者的相关生平经

历、古代文人对"秋"文化认知，以及自己对秋的感触，缘情入景，以"我"的眼观察和感悟，通过辩证地认知，找准"悲凉"和"美"的连接点，发现并深刻感受悲凉中蕴含的美感。

能欣赏生活中常见的美是一种本领，但如果能欣赏"非常之美"则为一种能力。风花雪月乃人人喜爱之美景，凄凉衰败则为一悲景，若能将其和常规的美景进行比较鉴赏，发现二者的异同，建立二者之间的审美对比，于悲景中感受到生的希望与活力，则是审美素养的一大长足发展。

四、拓展探究，创造美

拓展探究是指教育教学过程中，学生学习内容、学习形式、学习方法的扩容增加和优化发展，是对学生学习的全方位促进。这是新课改背景下，学校教学创新的需要，是素质教育的重要内容。

创造美是审美活动的终极目标，是审美能力的提升和升华。以本文鉴赏为基本，要求学生对本文所学知识进行拓展，鉴赏研究类似的文学作品，如《天净沙·秋思》《钓台的春昼》等，达到深化知识、扩展知识、提升审美能力、发展审美素养的目的。

结语

综上，以"灵动三元"课堂助学模式为指引，利用巧妙设问的方式，创设情境，引导学生主动探究问题，完善知识结构，既是解决问题、获得知识的基本方法，也是培养和提升学生语文核心素养的重要途径。

（供稿：汤志容）

参考文献

1. 朱良志. 曲院风荷：中国艺术论十讲［M］. 北京：中华书局，2014.
2. 饶满林. 外枯而中膏：《故都的秋》的美学旨趣［J］. 语文学习，2019（3）.

3. 蒋勋. 天地有大美：蒋勋和你谈生活美学［M］. 桂林：广西师范大学出版社. 2006.

4. 孙绍振.《故都的秋》：悲凉美、雅趣和俗趣［J］. 福建论坛（人文社会科学版），2006（2）.

5. 吴晓东. 中国现代审美主体的创生：郁达夫小说再解读［J］. 中国现代文学研究丛书. 2007（3）.

"灵动三元"在语文核心素养培养中的运用

——"易安未难安，乱世美神——基于《声声慢》的群文阅读"课例分析

学科核心素养是学科育人价值的集中体现，是学生通过学科学习而逐步形成的正确价值观念、必备品格和关键能力。语文学科核心素养是学生在积极的语言实践活动中积累与建构起来，并在真实的语言运用情境中表现出来的语言能力及其品质；是学生在语文学习中获得的语言知识与语言能力，思维方法与思维品质，情感、态度与价值观的综合体现。语文核心素养主要包括语言建构与运用、思维发展与提升、审美鉴赏与创造、文化传承与理解四个方面。

"灵动三元"助学模式是学科核心素养视野下的助学课堂的具体呈现。每一个活动单元并不是独立存在的，而是可以贯穿整个课堂、整个教学设计的。下面笔者将以"易安未难安，乱世美神——基于《声声慢》的群文阅读"教学案例来进行分析。

群文阅读，是一种以一组文章为阅读材料，以某一线索串联，进行的一种比较阅读。它的出现并非偶然，在 2017 版的《普通高中语文课程标准》里，新增学习任务群，第一个任务群即是"整本书阅读和研讨"，虽然整本书阅读和群文阅读在阅读材料的选择上有所不同，但实质上是一致的，即将现在的教师精讲精练变成学生的阅读体验。由于高考阅读量的增加，学生在学习过程中，不能完全停留在精读之上，而应该综合运用精读、略读、浏览的方法来进行阅读，增加阅读量，调整阅读方式，改变阅读体验。

同时，现在语文教学的桎梏主要在于课堂时间有限，阅读材料有限，精讲内容过多，造成学生阅读能力的下降、阅读数量的匮乏、阅读体验的不悦。群文阅读方式的出现给现在的阅读教学带来了一股清风。

那么，"灵动三元"助学模式该如何运用在群文阅读的教学中呢？又该如何助推语文核心素养的培养呢？

结合立德树人根本任务和 2017 版的《普通高中语文课程标准》的指导思想，笔者在进行教学目标设定时，将目光放在了"感悟李清照家国天下的情怀"上。这是笔者本课教学的最终落脚点、将要达成的情感目标，也是本课学习后学生应有的学习态度。但是感悟情怀是一个很空泛的目标，只有语言的描述，学生不一定能真正感动从而树立家国情怀。所以在教学设计过程中，笔者选择了循序渐进的方式，通过群文阅读，让学生真正感悟李清照的家国情怀。具体的教学实施过程如下。

一、选取适宜的切入点

笔者选取了一个小的切入点，那就是"李清照，自号易安"。这个文化常识很多学生都知道，那么怎样激发学生的兴趣，引起其心动与共鸣呢？笔者制作了一个微课，截取李清照和赵明诚在青州十年的生活视频讲解。在这个视频中，学生能感受到在青州十年，李清照和赵明诚过着赌书泼茶的生活。赵明诚给李清照作画，并悬挂在书房中，书房名曰"归来堂"，李清照为自己取号"易安"。观看视频后，笔者提问"李清照为何自号易安居士呢？"并出示陶渊明《归去来兮辞》中的诗句"倚南窗以寄傲，审容膝之易安"，瞬间就引起了学生的兴趣，真正想走近这个课堂。

"李清照的一生是不安的……那么，她有过安定的时期吗？"带着这样的疑问，学生走进了李清照的诗词。

二、对比阅读

通过横纵比较、多文体作品比较，进一步引导学生认识李清照的家国情怀，达到"立德树人"的目标。

1. 纵向学习总结

前面交代过，群文阅读就是寻找一条线串联文章，通过一组文章的学习达到教学目的。基于此，笔者就选取了用"安"字来串联李清照的一生。

情怀的感悟不是教学的所有目的，诗词鉴赏能力也是需要培养学生逐步强化的语文能力，也就是语文核心素养中的"审美与鉴赏能力"。诗词的教学贯穿了整个学习阶段，到高二下期学生已经有了一定的诗词鉴赏能力。于是在学生进行主动探究学习之前，笔者带着学生复习了诗词的鉴赏方法，并形成板书（见表1），接着就进入了"主动元"阶段。学生通过学生完成表格。

表1

作品	思想情感	文中依据	总结	
			生活状态	关注视角
《点绛唇》	愉悦之情		安定	小我
《一剪梅》	相思		↓	↓
《鹧鸪天》	暂得安宁、闲适		不安	小家
《声声慢》	丧夫之痛 流亡之苦 国破之恨	淡酒、雁、黄花、梧桐、细雨 怎一个愁字了得！	难安	大国

在表1中，笔者以《声声慢》这一学生已学过的词进行了示范，学生完成另外三首词的学习，同时进行总结，梳理出李清照的生活轨迹以及情感的变化，直观明了。

完成自主学习之后，进入"互动元"环节，通过师生对话、生生对话，订正了表1的答案，同时通过主动探究与互动评价培养了学生的审美鉴赏能力、思维能力、语言组织能力。

2. 横向比较提升

在横向比较中，笔者设置了两个环节。

一是通过他人的评价来归纳李清照"美在何处"。所用材料是不同时期的名家对李清照的评价文字。每则材料各有侧重点，学生在阅读过程中需要圈点勾画、比较总结，这样就可以培养他们的筛选整合能力、思维能力。

二是将李清照和与她同时期的男性爱国词人的词作进行比较，这个环节主要用"读"的方式来实现，使学生在情感充沛的朗读中进一步感受李清照家国天下的情怀。

三、回归落脚点

最后，笔者带领学生回归落脚点，感悟情怀，培养学生"文化传承与理解"的核心素养。

学习到这里，学生已经能够感悟到李清照的情怀，但是怎样回到自身呢。"我们常常说谁是我的男神/女神，那我们要怎样才能成为真正的男神/女神呢?"带着这个问题，学生进入了自我审视，也就是"互动元"中的自我对话，将理解到的李清照的情怀带入自己的生活学习中。

回顾整个教学设计，"心动元"贯穿始终，从"易安"到"倚门嗅青梅"到"男神、女神"，都是学生感兴趣、容易引发共鸣的内容。在"主动元"的帮助下，学生复习了诗词鉴赏的方法，提升了"审美鉴赏能力"；进行了比较评价，归纳总结，培养了"思维训练和提升"的能力。在"互动评说"的过程中，进行了师生对话、生生对话、自我审视，培养了"语言组织和表达""文化理解和传承"的能力。在"灵动三元"助学课堂模式下，笔者带领学生完成了一堂高质量的课。

（供稿：伏艳萍）

议论文教学"灵动三元"助学课堂研究

——以思维发展与提升的语文核心素养为导向

为了深化教育改革，全面推进素质教育，顺应国际教育趋势，教育部发布了《普通高中语文课程标准》（2017年版）。新一轮课程改革致力于语文教育从"知识本位"向"核心素养"转型，语文课程从"学科中心"向"学生中心"和"能力中心"位移。

为了切实构建"以学生为中心"的新课堂，走出知识本位、技术主义、文本为纲、讲解分析的传统教学模式，以学科核心素养为导向的"灵动三元"助学课堂模式被提出。"灵动"是课堂的价值追求、核心理念；"三元"是"灵动"落地的操作措施，即心动元、主动元、互动元的学习活动。它是学科核心素养视野下助学课堂的新模式。在新的理念和模式下，教师不再是课堂的主宰者、知识的灌输者和信息的给予者，而是通过自助、互助、师助的教学方式帮助学生学会学习。教学中强调以"情境设置"为主轴，以"思维发展"为主攻，以"核心问题"为导引，在"心动入境、主动探究、互动对话"的具体学习活动中达成课堂的"灵动"，从而培养学生自主、探究、合作的学习能力，逐步激发学生学习的主动性和创造性，使学生由被动接受型转为主动发展型，进而得到可持续发展。

议论文教学是高中写作教学的难点，学生撰写的议论文普遍存在写作模式化、思维大众化、议论空泛化、结构混乱化等问题。传统的"写—评—讲"教学模式和机械的训练不能充分激发学生写作的积极性。在新课改理念下，议论文教学以"思维发展与提升"的语文核心素养为导向，以心动入境、主动探究、互动对话的"灵动三元"课堂助学模式为载体，精心设计议论文教学的系列课程，引导学生真实参与教学活动，在自助、互助、师助的助学模式中打开写作思路，在辨别、分析、推理、批判、发现的思维能力培养中，学会独立、真实地表达和阐发自己的观点。

依据新课标"考试、测评题目应以具体的情境为载体，以典型任务为主要内容"的明确建议，高考作文命题以"具体情境"和"典型任务"为标尺。在近年来的高考全国卷中，任务驱动型材料作文题目屡次出现。命题者在材料作文中给学生创设一个具体真实的情境，在层级发展的事件中存在对立矛盾的问题，激发学生的思辨性思维；以典型、实用的任务指令增强写作的针对性和对象感。

一、"心动元"：在真实情境的心动入境中，提升思考辨析力

高中阶段是学生思维能力快速发展、趋于成熟的重要阶段。包含"思维发展与提升"在内的语文学科核心素养的培养，要求教师在真实学习情境中提升学生的思考辨析力。

说理是议论文的核心，议论文的说理强调文章的逻辑性，而"概念辨析"则是逻辑阐述的起点。如果对命题材料中关键概念的理解不准确，对其内涵和外延辨析模糊，则会导致作文审题不准，中心论点表述不清，论证过程偷换概念，论证思路狭隘闭塞，论证力度锐减。

现以笔者任教班级的学生完成的一道任务驱动型材料作文题为例加以分析。

[题目]

国庆阅兵仪式上，空中仪仗队"米秒不差"……这些精确的数字刷新着"中国精度"……倡议大家把握好"人生精度"，体现你的思考与认识，写出具体建议与举措……

在整体视域下，任务驱动型材料作文的写作既要顾及显性信息，又要关注隐性内涵，学会透过现象揭示本质，不能只见树木，不见森林。这道作文题没有审题难度，但笔者任教班级的学生对"精度"的内涵和外延理解不准确导致

偏题,提出"把握时代脉搏,拓展人生深度"的中心论点。

在"灵动三元"助学模式中的"心动元"的引领下,笔者以学生活动为主体,采取比较阅读、自我反思、师生互助的方式讲评,将有代表性的偏题和未偏题的作文做成导学案,让学生在学习小组内反复审读作文题目和范文,在比较中领悟作文审题中辨析关键概念的重要性。

学生在前置学习和探究中发现,精度与深度虽一字之差,却有本质区别。"中国精度"是对国庆阅兵和国防科研的严格要求和精益求精,是对中国崛起腾飞的高度诠释。"精度"是客观技术层面的描述,有别于"广度"的范围拓展和"深度"的境界延伸。"中国精度"背后蕴含的是做事、做人的态度,是臻于至善、勇攀高峰的中国精神和人生追求。从"刷新中国精度"到"把握好人生精度"应该有思想认识和逻辑层次的上升。不能架空材料、模糊概念,脱离"精度"谈"广度"和"深度",抛开"中国精度"谈"人生精度",避开"建议与举措"谈"思考与认识"。

二、"主动元":在多维分析的主动探究中,培养说理的深刻性

分析论证是说理的核心。针对学生议论文写作中"如何具体分析和说理论证"的难点,笔者精心设计了以中华文化传承创新为主题的探究活动课。

[题目]
……深入挖掘中华优秀传统文化蕴含的思想观念、人文精神、道德规范,结合时代要求继承创新,让中华文化展现出永久魅力和时代风采……以学生会的名义写一篇倡议书,倡议大家"弘扬中华优秀传统文化,从我做起"……

该命题是典型的任务驱动型材料作文。题目提供四则材料,材料一、二句侧重于认识中华优秀传统文化对国家、民族的重大意义,三、四句侧重对怎样弘扬中华优秀传统文化的阐释,引导学生结合时代特征,思考如何继承创新中华优秀传统文化。

（一）掌握就事论事和缘事说理

笔者任教的两个班级中有十几位同学在写作中列举了时下热门的文化现象——李子柒事件，现列举两位同学的作文片段加以分析。

片段1：你我皆是传承者。梁启超先生曾说："少年智则国智，少年富则国富，少年强则国强。"弘扬中华优秀传统文化，应从我们青年一代做起。我们虽做不到像李子柒一样影响广大，但我们可将文化融入自身的言行中，从尊师重友、热爱生活开始。因为我们都是传承者，弘扬中华传统优秀文化应该从我做起。

片段2：弘扬传统文化，从小事做起。中华文化流传了五千年，它的博大精深是无可比拟的。若想将其发扬光大，必须从小事做起。李子柒通过制作网络短视频将中华传统文化传播出去；在收获流量的同时，也为传播中华优秀文化贡献了自己的一份力量。她让国外更多的年轻人喜欢上了中国文化。现阶段，我们虽不能像李子柒一样制作短视频，但我们可以通过学习传统文化知识、传统工艺来弘扬民族文化，增强民族自信。

以上两位同学的作文片段均缺乏对李子柒事件的具体分析和深度说理。片段1，没有具体阐述李子柒是怎样将中华优秀传统文化融入古风美食、田园牧歌式的短视频中，又是怎样走出国门，扩大影响，让更多外国人喜欢她和中国的。片段2，虽从"小事"展开，但议论浮于表面，未能深入挖掘李子柒的短视频到底展现了怎样的中华文化精髓，才能在网络上强势"圈粉"800万的。

针对学生作文思维角度单一、缺乏分析说理的普遍现象，题为"从热点文化现象谈中华文化传承——从李子柒事件说开去"的作文思维训练课紧紧围绕两个话题展开讨论：李子柒事件的现象讨论、如何进行文化传承的创新。在话题之下，笔者对应设计了"五星词云图"和"文化树状图"的思维导图，引导学生在小组自主、合作、探究中掌握就事论事、缘事说理、多维分析、深度说理的写作技能。

为了清晰、全面、深刻地认识事件，必须对事件进行事实分析、价值分析和因果分析，并在此基础上做出相应判断和行为选择。

首先，聚焦事件本身，追根溯源，多角度挖掘，打开具体分析之门。针对"李子柒为何火遍全球"和"李子柒是不是文化输出"的热门话题，笔者设计了一个学习任务"巧用思维导图，搭建分析支架"。具体任务是：准备一张"五星词云图"，让学生分为 5 个学习小组进行合作探究，分别从李子柒视频风格、平台媒介、个人魅力、文化内涵、评价影响五个方面深入探究，追溯李子柒"火遍全球"的原因。然后，对"李子柒是不是文化输出"做出自己的判断。这个任务设计效果明显，很好地激发了学生探究和表达的欲望，也点燃了他们对中华传统文化传承创新的热情。

（二）学会多向思考和发散思维

议论文写作的多维分析要求学生在论证分析中多向思考、发散思维。在这一主动探究活动中，笔者设计了"头脑风暴"的学习任务：搭建"文化树状图"，以一触多。笔者任教班级的 5 个学习小组由李子柒文化现象进行发散思维，联想其他文化传承的热点现象，从中借鉴文化传承的创新方式。

在学习活动中，笔者任教班级的学生的思维得到了很好的激发。他们从巴西国家博物馆、巴黎圣母院的两场大火，韩国端午祭的申遗成功，日本申请几百项中药国际专利中，意识到中华传统文化亟待保护；从故宫联手互联网巨头成功走上文创之路，领悟到文化传承需要与时俱进、大胆创新；从《新闻联播》的国际锐评连上热搜，综艺清流、主旋律影视剧广受欢迎，体悟到文化传承需要亲民转化，赋予时代内涵；从腾讯手游《王者荣耀》的文化改编中，领悟到文化传承要有敬畏之心；从中国孔子学院的文化传播到"一带一路"的稳步推进，明晰了文化传承需走开放、融合、品牌战略的道路。

以"文化"为干，以"传承创新"为枝，中华传统文化焕发蓬勃生机。在"灵动三元"助学模式下，以一触多的发散思维训练有助于学生思维由单一走向多元，由现象走向本质，由横向走向纵深。

三、"互动元"：在逻辑建构的互动对话中，理清层次走向深刻

搭建逻辑清晰、有层次感的结构是让议论文走向深刻的必经之路。学生议论文的逻辑层次往往是平面、单一的，缺乏梯度和深度。

笔者以"疫情期间线上统一测试"的材料作文让学生进行写作训练，在评讲中利用"灵动三元"助学课堂"互动元"的导学模式，设计了"质疑答疑式的师生对话—交流讨论式的生生对话—本班及跨区域比较的自我对话"的流程，让学生在自己的作文和深圳市优秀作文的比较阅读、分析总结中反思矫正自己的作文的逻辑结构。

[题目]

在这个特殊时期，全国人民正在进行一场特别的考试：疫情防控……今后的人生中，还会有许多特别的考试，而你，就是那答卷人……

笔者任教的两个班级的学生能准确把握材料提供的两个真实情境——"疫情防控"的大背景和高三学子线上统一测试的小背景，并能根据自身优势，从写信、驳论文、教育评论三个任务中挑选适合自己的。结果两个班级的学生大多选择了写信，写作的内容大多是以"20 年后的你"的身份劝诫 20 年前的自己，在这场特别的考试中摒弃无人监考的种种诱惑，做到诚实守信。

中心论点和分论点是议论文建构的基础。一位同学在作文中设置了 3 个分论点：线上考试，考的是心态，考的是态度，考的是诚信。这三个分论点表面上建构了文章的并列结构，但实际上缺乏明显的区分度，"心态"与"态度"之间有交叉，"态度"又包含"诚信"，文章的逻辑建构是在同一层面"原地打转"。

从作文题目中看，"特别的应对、崭新的思考、深刻的启发"之间有着逐层递进的逻辑关系，而"今后的人生中，还会有许多特别的考试，而你，就是那答卷人"更是对未来"特别的考试"的意义思考。行文结构以螺旋上升、逐

阶递增的结构为佳。

就"特别的应对"而言，对于居家、线上、没有监考的特殊考试，学生首先应该以平静的心态自觉参加、认真对待，严格遵照考试时间、独立思考、杜绝舞弊。"崭新的思考"应该清楚地认识疫情期间的无人监考具有的特殊意义与深远影响。这既是对疫情期间网上教学效果的检测，也是对不务虚名、诚实守信的品德的考验。"深刻的启发"进一步暗示在未来的人生中，不仅仍会有学习考试，还会迎来更大、更险、更具波折的人生考验。如果没有抵御诱惑、诚实自律的品格磨砺，没有克服困难、顽强奋斗的意志磨炼，没有不忘初心、高瞻远瞩的境界培养，怎能经得住考验，肩负起时代使命和建设重任，成为优秀的"答卷人"。

议论文写作水平的提高离不开思维能力的发展。教师创设综合性学习情境，搭建思维支架，引导学生在准确立意和清晰建构中，论证有据，分析有理，思辨有力，让议论文在理性思辨中凸显深刻和丰富。

四、结语

以思维发展与提升的语文核心素养为导向议论文教学"灵动三元"助学课堂研究，有助于改善高中议论文教学中教师教的行为与学生学的行为的关系，有利于引导教师由关注议论文知识教学、高考写作教学转向全面关注语文能力培养、学生素养发展，切实落实学生语文学科核心素养的培养。

（供稿：杨易娜）

参考文献

1. 中华人民共和国教育部. 普通高中语文课程标准（2017 年版）［S］. 北京：人民教育出版社，2018.

2. 李正浪. 突破思维瓶颈，让写作向深刻掘进［J］. 语文教学与研究，2019（9）.

3. 余党绪. 说理是议论文的核心，分析论证是说理的核心［J］. 语文教学通讯，2017（13）.

运用"灵动三元"发展学生核心素养

"核心素养",是学生知识、技能、情感、态度、价值观等多方面的综合表现；是每一名学生获得成功、适应个人终身发展和社会发展都需要的、不可或缺的共同素养。核心素养的发展是一个持续终生的事业。它最初在家庭和学校中培养，随后在一生中不断被完善。

一、心动

"知识若没有智慧烛照其中，即使再多，也只是外在的牵累；智慧若没有生命隐帅其间，那或可动人的智慧却也不过是飘忽不定的鬼火萤照。"可见点化和润泽生命是教育之核心，是教育之本。教师的智慧，不在于教给学生多少知识，而在于如何协助学生培养智慧，因为知识是旧的，生命是新的。物理学习需要有迈向未知的智慧和勇气，只有时刻注重学生的体验、感受，才能成全学生生活的丰富，润泽其生命的丰盈。

怎样培养学生的智慧呢？首先要让学生和教师都"心动"起来。只有学生和教师都真正"心动"起来才能将学生被动接受转化为学生主动探索，变"苦学"为"乐学"，变"要我学"为"我要学"，使教与学都达到一个更高的层次。"爱"是"心动"的前提，首先要唤起学生对学习、对知识的爱，这是推动学生学好知识和培养学生核心素养的积极情感。在教学中，教师要善于发现学生的闪光点，气可鼓而不可泄，对学习信心不足的学生，一旦发现他们一点进步，就立即表扬和鼓励，以增强其荣誉感。学生经常受到鼓励、鼓舞，会产生愉悦的心理体验，能对学习兴趣的培养产生积极的影响，进而促进其学习。创设愉快的学习环境，使学生感到学习没有负担，那么他们便会喜欢该学科，学习兴趣也油然而生，此为"心动"。对教师而言，精心设计好导入课，设法将一些枯燥无味的教学内容，设计成若干有趣诱人的问题，使学生在解决这些问题的过程中"品尝"学习物理的乐趣，使课堂产生愉快的气氛，从而将学习新知识变成学生的"自我需要"。

二、主动

我们知道，真正要实现高效课堂，关键是培养学生主动学习。所谓主动学习是指在学生在学习时表现出自觉性、积极性、独立性，核心在于从事学习活动的一种心理能动状态。那么怎样才能让学生主动去学习呢？

第一，课前预习，调动学生学习的主动性。

课前预习，一般是在上新课前进行。学生在学完了当日的知识复习后就要预习次日将要学的内容。有的学生会提前多日进行预习，甚至提前阅读全册教材，这都是因为对新知识的"探索"产生了极大的兴趣。可以说，预习可能使学生对于学习产生极大的兴趣，有利于调动学生学习的主动性。

另外，通过预习，学生能明确新课的学习内容，了解重难点在哪里，带着疑问上课，在不懂的地方画上记号；尝试做习题，对那些存在疑惑的新知识进行探究、思考。学生预习后带着问题投入新课的学习，课堂学习时就更有目的性和针对性。若学生在预习时已经把知识弄懂了，在课上议论、发言时就会特别积极；若在预习时发现不懂的内容，在课上也能更专注地倾听教师对该部分内容的讲解。确实，不依靠老师自己便能独立思考、学会知识，学生也会产生一定的成就感，这种成就感能促使其去展示自己的学习成果。因此，学生就愿意上课。在课堂上，当教师提问，学生回答对了，会进一步强化成就感。从预习中尝到了成功的快乐，又会促使他更愉快地学习。笔者认为，这样的良性循环能极大地调动学生学习的主动性。

第二，培养良好的师生情，促进学生主动学习。

良好的师生情感也能成为学生学习的主要动力。试想一下，若不喜欢一个老师，学生会喜欢他上的课吗。答案是否定的，更谈不上主动学习了。只有让学生喜欢自己，教师才能激发学生喜欢自己所教授的学科。那么如何才能培养良好的师生情感呢？

那就要求教师首先要敢于放下自己的架子，想方设法亲近学生，缩短与学生的心灵距离，使学生从内心深处接受、认可自己。教师除了在课堂上以平等、热情的心态对待学生外，还应在课外多进行"感情投资"，主动找学生谈心，询问其学习、生活情况。

第三，尊重、理解、宽容每一个学生。

教师应尊重学生的人格、学生的选择、学生的个性，关心每一位学生。在学生有错时，不过分批评、指责而是给他们改过的时间和机会，使学生感到"老师在期待着我"，从而自觉地投入积极的学习之中。

三、互动

本文所指的"互动"为课堂教学互动，具体指师生互相交流、共同探讨、互相促进的一种教学组织形式。师生互动的有效性是指采取师生互动的教学组织形式所产生的有积极意义的结果，主要体现在三个方面。第一，师生互教互学，形成真正的学习共同体。在这一共同体之中，师生是平等的。整个教学过程是师生共同开发、探讨、丰富课程的过程。在互动中，学生发挥自己的个性和创造能力。第二，师生间进行交流，其内容覆盖面十分广，可以涉及知识、技能、情感、态度、价值观等多方面。通过充分的交流，师生能够相互影响、相互补充。教学过程也就成为师生发现问题、提出问题、解决问题的过程。第三，师生共同参与，相互作用，能够创造性地实现教学目标。

师生互动是有效的教学形式，许多教师会采取这种形式力求使学生在课堂中"动起来"。有些教师将"互动"简单地理解为"教师提问—学生回答"，便在课堂中设置许多问题，让学生成了回答问题的机器，使一堂课看似热闹；还有一些教师对学生的回答一律持肯定和赞扬的态度，学生学得很愉快，精神也得到了很大的满足。这样的课堂，师生是动起来了，瞧着很热闹，可是这样的互动是有效的吗？要培养学生的核心素养，我们的课堂教学需要真正的互动，要包括三个要素。

第一，设置高质量的问题。互动教学中的问题必须是师生互动的结果，不仅由教师提出，还要求学生自己能够提出问题，并极力去解决问题。因此，课堂教学中，教师要注重问题的质量，要以自己提出的一两个问题，引出学生的多个问题，从而培养学生的问题意识，使学生养成勤于动脑的习惯。

第二，教学形式多样化。传统师生关系的单向性导致了教学形式的单一。教学形式的多样化是素质教育的要求，能使学生始终保持新鲜感。在笔者看来，教学形式多样化可以简述为：有的课教师上，有的课学生上，有的课师生一起上。

第三，"平视"学生。首先，教师要尊重学生个体，同时也要尊重学生对学习内容的个性化解读。其次，教师还应转变自己的观念，不再以知识权威自居，而是要将自己定位于学生学习的领路人，平等地对待每一个学生，使学生消除对老师的畏惧，打开紧闭的心扉。这样，师生间的心理距离越来越小，师生的互动交流就不再存有障碍。

四、结语

知识、技能与态度不能兵分三路前进，而是相互交融、相互促进的，这种策略追求的是"1+1+1>3"的教育效果。过去，课程教学中的三维目标——知识与技能、过程与方法、情感态度与价值观——分道而行的问题没有解决好，现在提出"核心素养"的发展，一个重要的目的就是弥补这种分裂状态。教师培养学生核心素养，不能让学生只是为了应付考试而学习知识，还要考虑到知识对培养核心素养的作用。而无论知识还是素养的获得，都离不开学习主体——学生的参与，而学生的参与，又离不开学生主观态度的参与。"灵动三元"——心动、主动、互动，能有效培养学生的学习兴趣，激发其求知欲望，让学生在探索未知中获得成功的喜悦、在师生互动中加深对知识的理解，并能为学生的自主发展和终生发展打下坚实的基础，让学生成长为有人文底蕴、科学精神且有社会担当的人。

（供稿：郭正宇）

基于语文学科核心素养的高中文言文
教学策略微探

文言文教学一直是中学语文教学中的一个难点。钱梦龙说："文言文教学是语文改革的一个'死角'，即使在语文教学改革很红火的年代，文言文教学这块'世袭领地'上仍然是一派'春风不度玉门关'的荒凉景象。"文言文教学改革长期处于较难推进的状态，造成这种现象的原因是多方面的。首先，文言文的字词句在认读上存在难点。其次，文言文普遍具有言简义丰的特点，学生需对文本进行调整、扩充等处理后才能理解到其中的内涵，这就形成了阅读障碍。再次，学习往往具有一定的功利性，学习者会思考和追问自己学习的内容是否有实际的价值。对于文言文，较多学生在实际生活中很少能有运用的情境，难以感知文言文的实用价值。这些因素导致大部分学生缺乏学习文言文的动机。然而，我们不可忽视的是，文言文历来是中学语文教学的重点。从高考的角度来看，文言文一直是必考知识点，在高考卷中分值常在二十分左右；从文化价值的角度来看，文言文内容丰富，使中国数千年源远流长的文化得以传承。在文言文的难教难学与该教该学的矛盾之中，我们亟待努力探究出解决之策。

2017年版的《普通高中语文课程标准》提出"语文学科核心素养"的概念，并将其具体分为四个方面，这无疑给中学语文教学指出了更明确、更清晰的教学方向。针对难教难学的文言文开展的教学工作，恰可以"语文学科核心素养"的四个方面为重点，探究出能激发学生学习文言文动机、引导学生进行自主语言活动、提升学生审美情趣、培养学生文化自信的文言文教学策略。

一、文言文教学研究现状

以"语文学科核心素养"和"文言文"为主题在中国知网数据库中检索出42 条研究成果（截至 2024 年 5 月 30 日），多为期刊论文，少数为学位论文。总的来说，这些研究成果主要是从语文学科核心素养的四个方面去挖掘文言文的价值，探讨文言文教学策略，设置更宽泛的评价方式。大部分文献是以某中学文言文教学为例，或是以单篇课文为研究对象，缺乏普遍适用性。比较有代表性的是王强的《基于"核心素养"下的语文学科核心素养教学研究——以文言文教学为例》。该文侧重解读核心素养，提出在文言文教学中要设计各种活动，要注重学生的阅读体验，调动学生的逻辑思维。曾凡珍的硕士论文《基于核心素养的高中文言文教学策略研究——以淮滨高级中学为例》的主要观点是，高中语文教师应在教育理念和教学方法上加以改进，并加强对学生学习兴趣、学习习惯、学习方式上的关注，引导学生发现并能够鉴赏文言文中的美，从而让学生在敬仰古人的同时加深对传统文化的理解，并在实际学习生活中传承和发扬传统文化。众多文献中，比较全面的为张旭、韦冬余在《基于核心素养的高中文言文学习新探》中提到的三个学习策略：一是区分文言文本特质，突破"授受式"模式；二是创设文言学习活动；三是开放文言评价模式。该文提及的舞台剧、读书汇报、论文写作等文言文专题学习活动有较强的实践价值。

综合而言，当前在培养语文学科核心素养背景下对文言文的研究主要存在以下不足：一是大部分文献提出的文言文教学策略比较笼统，如多读、注重思辨性、运用多种评价方式，大都没有举出实例；二是许多策略偏向理想化，没有考虑教学时间的限制和学生繁重的学习任务，缺乏实践的可行性。

二、解决问题的策略

（一）创设语言情境，巩固记忆，建构文言文的语言系统

针对大部分学生在学习文言文时容易遗忘字词读音和含意等具体问题，可

从语文学科核心素养中的"语言建构与运用"入手解决。语言建构与运用是指"学生在丰富的语言实践中，通过主动的积累、梳理和整合，逐步掌握祖国语言文字特点及其运用规律，形成个体言语经验，发展在具体的语言情境中正确有效地运用祖国语言文字进行交流沟通的能力"。可见，在文言文教学中，要想引导学生建构起文言文语言系统，应该注重引导学生主动积累、梳理和整合相关语言知识，要注重为学生创设合适的语言情境以激发学生运用文言文的动机。余映潮认为语言教学的核心与灵魂是语言积累教学，而语言积累教学"是在语文的读写教学中让学生习得更多更美的语言，如认识更多的字、记下更多的词，更重要的是成块成段成篇的语言材料的读背识记，它们是语言运用的坚实基础"。因此，在语言系统的建构方面，主要是从字、词、句、段入手，内容上要由少到多，循序渐进，方法上要引导学生主动学习。心理学家布鲁纳发现"活动能激起学生的好奇心，学生受好奇心的驱使，对探究未知的知识就会表现出兴趣"。因而，在文言文的教学中，教师应多尝试种类多样的语言活动，创设文言文语言情境，培养学生学习文言文的兴趣，达到激发学生自主、积极地学习文言文的目的。笔者归纳出以下几种适宜的文言文语言情境创设方法可运用于文言文教学过程中。

1. 整理语言知识卡片，引导主动积累

语言卡片是由教师指导学生在学完每一篇文言文后做出的语言知识卡片。教师仅指导学生从哪些方面进行知识归纳，可总体指出少量需一起整理的知识点，尽量多给学生自主选择的机会。学生自主筛选的知识点不一定切中重点，但学生对自主探寻到的知识的掌握往往优于被动接受的知识。教师可引导学生从实词、虚词、特殊句式、名言警句等角度来做卡片，并提醒学生注意对实词和虚词的整理不可脱离语义环境去单写字词，而应该是摘抄句子，才能避免机械记忆，形成有意义的记忆。制作好的卡片应夹在课本对应的课文处，或用一个专用的文件袋保存。卡片的内容不局限于课内文言文知识，还包括练习或考试中出现的典型篇目等。丰富卡片的内容来源，将有助于扩展学生关于文言文的知识面。可选用硬质的活页卡片，一文一卡，求精不求多。

运用卡片而不是作业本，一是为了用新颖一些的形式来引发学生进行知识积累的兴趣，二是便于展示，激发学生学好、用好文言文的动机。

2. 创设语言情境，课堂问测结合

缺乏语言环境是学生容易遗忘文言文相关知识点的主要原因。教师在教学中要有意识地设置灵活的情境式问题，避免学生过多地采用机械记忆，尽量引导他们形成记忆更为深刻的有意义的记忆。

（1）心动入境

教师按自己整理的该课的重要知识点进行情境设问，在学习后第二天的课前5分钟进行抽问，设置的问题尽量联系学生的现状，使学生感知到文言文的实用性。比如，《氓》中需要引导学生掌握"愆期"的"愆"为拖延之意，教师可向学生提问：某同学常常愆期上交语文作业，此处愆期是什么意思？再如，要引导学生掌握"女也不爽"中的"爽"为差错的意思，可提问：某同学不爽，却受到家长的严厉批评，便感到十分委屈。这里"不爽"是什么意思？将文言文与学生的现实生活关联起来，能使学生在生活的语言情境中轻松地理解到一些文言文字词的含义。

（2）学生互问

教师可让学生在复习阶段用自己制作的语言知识卡片向同桌抽问，问字词写法，问字词含义，问句子译文，问名句的上句或下句。学生或问或答、或写或背，形成互问互答的热烈氛围，强化文言文学习情境。

（3）助学案设计

助学案设计重在巧设情境，教师可将一些重点词组合编成一段话，编写的语段或故意错用，或套用故事，或故事新编，或缩写，或延展，以创设多种风格的语言情境。比如，在完成《荆轲刺秦王》一课的教学后，为引导学生掌握"使"字的多种用法，可缩写出以下语段：燕太子丹使（派遣）荆轲刺秦王。荆轲使（出使）于秦，见秦王，献图而图穷匕首见。荆轲持匕首刺王，后为王所擒。王曰："此事由何人使（主使）？"荆轲不答，死。杜牧论曰："使（假如）六国各爱其人，则足以拒秦。"这样的情境语段，有助于使学生在理解、推测的语境中掌握"使"的多重含义，很好地避免了做单句中的字词解释的枯燥感，可提升学生的学习兴趣。

这三类方法可每次任选一种，多种方式交替使用以避免枯燥，也可兼顾对学生个体和整体的关注。创设文言文语言情境，师生协作，生生协作，能营造出积极学习文言文的氛围。

（二）读写结合，增强学习内部动机，提升学生的语言思维能力

针对学生在文言文学习方面缺乏学习动力的问题，可以从语文学科核心素养中的"思维发展与提升"入手解决。"思维发展与提升"是指"学生在语文学习过程中，通过语言运用，获得直觉思维、形象思维、逻辑思维、辩证思维和创造思维的发展，促进深刻性、敏捷性、灵活性、批判性和独创性等思维品质的提升"。由于文言文学习难度较大，要求学生使用文言文说话、写作不切实际。在文言文教学中要发展和提升学生的思维，可尝试使用观照古今的读写结合形式，探究文言文刻画的人物形象、抒发的情感、归纳的道理等对于当代社会的价值，引导学生汲取古人的智慧，比对当前的生活，探讨古今的同与异，辩证思考利与弊，最终形成自己独到的见解。

1. 时事与文言文读写结合训练

在教学中，可选取一些与即将教授的文言文所表达的情感、思想、哲理等有关联的当代典型时事，进行两者的比对分析、立论作文。例如，在学习《陈情表》时，教师可引导学生感知李密对祖母感恩、孝顺之情。抓取"传承孝道"这一议题，联系时事新闻，进行读写训练。教师可引导学生在作文中探讨孝道是否该继续传承、当代人该如何传承孝道、新时代的孝道应该怎样发展等问题，让学生在思考李密之孝的同时，审视当代孝道传承的情况，探究中国孝道文化的意义，实现学以致用、活学活用。

诸多文言篇目都可与当代时事关联教学。例如，《赤壁赋》《游褒禅山记》都是游记类散文，当代人热衷于旅行，而从时事新闻中我们常看到不文明旅游的现象，教师便可引导学生从苏轼和王安石的游记中去汲取智慧，探究旅游的意义。在这种对比分析之后，都可让学生将古今对比的结论整理成短文，表明自己的立场，论证自己的结论。

2. 当代理念与文言文读写结合训练

文言文中凝聚了诸多古人的智慧结晶，其中很多在当代仍有指导意义。教师可引导学生将古今类似的理念比照解读，使古今思维碰撞，以加深对课文思

想的理解。

以《寡人之于国也》为例，孟子在文中谈及君主治国之道，即坚持以民为本，安民方可王于天下。孟子具体从顺时而种、休养生息、自给自足、兴办教育等方面论述了安民之道。其中"数罟不入洿池""斧斤以时入山林"表达出了当代所倡导的"可持续发展"理念。在当前时代背景下，可持续发展已经不仅仅指遵循动植物生长规律，还涉及更广阔的领域。一方面，教师可引导学生古今对比，探讨当代人在遵循自然规律方面有哪些作为，由此可以谈到"休渔期"、"退耕还林"政策等；另一方面，可引导学生思考当代还有哪些领域应该秉承"可持续发展"的理念，具体应该如何实行。

还有诸多文言文都可与当代一些主流观念关联写作。例如，学习《鸿门宴》后可探讨"性格决定命运"；学习《劝学》后可引导学生谈"树立终身学习的观念"；学习《归去来兮辞》可探讨人是当"役于形，还是役于心"。通过这样的古今类似理念的结合分析，既可加深学生对文本的理解，也可发展和提升学生的思维能力。

（三）突显文言文之美，激发学习兴趣，提升学生的审美创造力

针对学生在文言文学习时易产生抗拒或倦怠情绪的问题，可以从语文学科核心素养中的"审美鉴赏与创造"入手解决。"审美鉴赏与创造"指的是"学生在语文学习中，通过审美体验、评价等活动形成正确的审美意识、健康向上的审美情趣与鉴赏品位，并在此过程中逐步掌握表现美、创造美的方法"。在学习文言文的过程中，教师可注重发掘文本中审美属性突出的一两个面，引导学生感知、分析、评价美点，在感知和分析中解读表现美的方法，在评价和写作中尝试创造语言之美。

教材中文言文题材和体裁都呈现多样性，因而美点也各异。普遍看来，传记类文言文美在人物形象，散文类文言文美在情或理，议论性文言文美在写法。教师要紧扣文言文文本特质突显美点，让学生在文言文的学习中产生审美体验，进而生发表达美和创造美的动机。

1. 人物之美

教师要注意捕捉人物的形象或精神上的闪光点，抓住人物能烛照后世的核

心，以人物之美引领学生对整篇文言文的解读。传记类文言文在语文教材的文言文中所占比例较大，以《荆轲刺秦王》为例。在该文中，荆轲主要体现出"悲壮之美"。以"悲壮之美"为审美核心，教师引导学生概括表现荆轲之悲壮的三个场景，即盛于期首、易水诀别、皇廷刺败；概括出这三个场景后再进一步分析其体现悲壮的相关动作、语言、神态等，深入感知荆轲沉着、勇毅的精神。课后，教师可进一步引导学生为荆轲写一段评语，使学生尝试用自己的语言表达对荆轲悲壮形象的体悟。

其他典型的人物传记类文言文，亦可循此思路，抓人物之美。例如，针对《廉颇蔺相如列传》，教师可向学生提问"蔺相如是如何从门客逆袭成将军的？"引导学生认识到蔺相如勇、智、恕的多重性格优点使他改变了命运；对《烛之武退秦师》，则可着重引导学生感知烛之武"老当益壮"的形象。

让学生在传记类文言文学习中全面、深入地感知人物之美，再以为人物写评语、颁奖词、内心独白等形式引导学生表达自我的解读。

2. 情理之美

语文教材选入的文言文往往文质兼美，这些文本承载了古人丰富的情感和深刻的哲理。有学者认为审美情感是凝聚在审美形象中的主体态度，如好恶、喜怒、肯定与否定、欢乐与痛苦等，往往是一种超越个人利害得失而具有普遍性的情感。在文言文教学中，教师可尽量挖掘文本中能唤起学生共鸣的普遍性情感，引导学生体味情感的多样、深刻、细腻等。"文学不仅表达主观情感评价，而且也表达客观理智认识。"有的文言文偏重于动学生以情，有的文言文则偏重于晓学生以理。教师要把握住情或理的侧重点，引导学生体味情理之美，激发学生抒发情感和深入思考的能力。

情理兼美的文言文更具审美的意蕴。余映潮曾评价苏轼的《赤壁赋》说"这是一篇因景生情、因情入理的抒怀之作……这是一篇有着优美的意境、动人的情思和深邃的哲理的千古经典"。苏轼在《赤壁赋》的第四段中集中表达出了旷达乐观之情和尽享万物之理。教师可引导学生细细品读此段，尤其可将苏轼认为人人皆可享受万物的深邃哲理与当代一些人困于物质欲望而难以自拔的生活状态进行对比，引发学生思考到底应该秉持怎样的价值观。此外，《兰亭集序》《归去来兮辞》《游褒禅山记》等名篇，都可尽量抓住情或理，以古人的哲思引导学生对当代人、对自己的生存进行深入的思考，进而抒发自己的情感，或表达自己的哲思。

3. 写法之美

英国的文艺批评家克莱夫·贝尔曾提出"有意味的形式"，认为"作品各部分、各因素之间以独特的方式组合起来的'形式'是'有意味'的，它主宰着作品，能够唤起人们的审美情感"。属于文学作品的文言文，其形式亦有审美价值。其中，议论性文言文，论点突出，论证思路严密，论证角度多样，无一不展现出令人折服的论证思维之美，易于让学生体味到文言文的美。

较为典型的是《劝学》。《劝学》开门见山地提出中心论点"学不可以已"；接着采用多种论证方法，先是运用比喻论证，将人的学习比作木工做轮子，表明木头要变成轮子必须经过用火烤变弯曲的过程；又用了正反对比论证，"终日思"和"须臾学"、"跂而望"和"登高见"等，之后又归纳推理出"君子生非异也，善假于物也"；最后一段更是运用多种事实说理，同时加入正反对比，说理气势磅礴。《劝学》以论证方法的丰富见长，而《过秦论》则独具匠心，寓理于事，巧结论点。《过秦论》大篇幅地叙述秦王朝的发展历程，凸显出秦朝的暴政和人民的怨愤，强弱对比，弱民起，强国塌，用事实证明了"仁义不施而攻守之势异也"的论点。

除了议论性文言文以外，其他的文言文亦可引导学生品味写法之美，如《陈情表》和《滕王阁序》，都属"一句经纬"。抓一句，教师即可引导学生对文本的内容、主题、人物形象等进行深入的解读。《陈情表》中可抓"臣之进退，实为狼狈"，内容上分析李密进和退的具体表现，体味他的狼狈，主题上分析李密"进则忠，退则孝"表现出来的忠孝难两全的思想，人物上分析李密以孝为先的形象。再如篇目长、典故多、难于理解的《滕王阁序》，可以"兴尽悲来，识盈虚之有数"统领全文的解读，内容上分析"兴和盈""悲和虚"在文中的体现，思想上分析作者对世事多变的悲叹，人物上分析王勃怀才不遇的无奈。

总的来说，教师要紧扣文言文在人物形象塑造上、情理表达上、写法上的亮点，引领学生感知文言文之美，使学生进一步体会到文言文的审美价值。

（四）以点带面，形成系统记忆，扩充传统文化常识

　　针对学生与文言文相关的文化常识上的欠缺，教师可运用以点带面，形成古代文化常识记忆系统的策略。语文学科核心素养中谈及的"文化传承与理解"涉及的"文化"含义极广，针对文言文而言，则主要是"继承和弘扬中华优秀传统文化"。中华文化博大精深、源远流长，文言文中提及的文化常识繁杂多样。由于学生缺乏对古代文化的直接体验，理解和分辨文言文中涉及的文化常识便有较大难度。王力主编的《中国古代文化常识》从天文、历法、乐律、地理、职官、科举、姓名、礼俗、宗法、宫室、车马、饮食、衣饰、什物等方面对中国古代文化常识进行了大体的归纳和讲解。与王力主编的这本书相比，必修教材的文言文中所涉及的文化常识只是极少的一部分。从历年来高考题目看，对学生文化常识掌握情况的考察并不局限于课本，而是有一定的拓展和延伸。因此，要想满足"文化传承与理解"的要求，教师应以课文中出现的文学常识为点，牵引出相关的文化常识，以扩充学生在文言文方面的文化常识。

　　1. 联想法

　　文化常识种类多，范围广，细节多，要多运用联想方法才能更好地理解、记忆和分辨。联想包含相似联想、相关联想、对比联想和因果联想。在记忆文化常识方面，可主要采用相关联想和对比联想。相关联想是指联想物和触发物之间存在一种或多种有相同属性而又具有极为明显的差异的联想。对比联想指联想物和触发物之间具有相反性质的联想。

　　首先说相关联想的使用。在积累文化常识时，联想和这一常识类似的文化常识予以归纳，也可是对其属性、作用、地位等的解读。以《张衡传》的"乞骸骨"为例。乞骸骨的意思是自请退职，请求使骸骨归葬故乡。以此为点，可引导学生积累辞官归乡的类似词语，如乞身、请老、移疾、移病、致仕、致政、致禄等。再如《荆轲刺秦王》中的"奉守先王之宗庙"，提及了文化常识"宗庙"。可以此为点，引导学生积累"天子七庙，诸侯五庙，大夫三庙，士一庙，庶人不准设庙"的文化常识，并明确"宗庙"专指封建帝王用来供奉历朝历代祖先牌位、举行祭祀的地方。

再说使用对比联想来拓展文化常识，联想与该文化常识意思相反或相对的知识。以《荆轲刺秦王》的"箕踞"为例，"箕踞"是指"坐在地上，两腿张开，形状像箕"，这是一种轻慢傲视对方的姿态。借此可引导学生积累古代礼貌的坐姿是"跪"，即两膝着地，挺直身子，臀不沾脚后跟，以示庄重。再如，在官职变动方面，将升官类的字词和贬官类的字词作对比记忆；在对年龄的表述方面，分男女进行对比记忆；在古代座次方面，将尊位和卑位作对比记忆；等等。

2. 主题图示法

一般而言，形象的记忆往往比抽象的记忆更深刻，有逻辑的记忆比无关联的记忆更深刻。因此，在文化常识的积累方面，可将一些文化常识进行归类，并引导学生做成主题图示，形成有逻辑的形象记忆。例如，《氓》有"总角之宴，言笑晏晏"一句，课下注释写到"总角代指少年时代"。由"总角"这一古代对人年龄的称谓，教师就可以引导学生认知古人从出生到一百岁不同年龄阶段的特殊称谓，如襁褓、孩提、垂髫、总角、束发、弱冠、豆蔻、及笄、而立、不惑、知天命、花甲、古稀、耋、耄、期颐。教师还可引导学生将这些称谓按年龄从小到大地排列书写，构成一幅关于年龄的思维导图，并可在图示旁边画一些形象的图画，形成更形象的记忆。另外，教师还可借《荆轲刺秦王》中的"为变徵之声"，引导学生写出古代"宫、商、角、变徵、徵、羽、变宫"七声音阶，并注明每种音阶抒发的情感氛围；从《赤壁赋》"壬戌之秋"引出干支纪年法，以形象的主题图示帮助学生形成牢固的长时记忆。

对于整理出来的主题图示，教师要引导学生长久保存、反复观看、多次默写，以增强记忆。在掌握了图示后，还可以主题图示为干，扩充枝条式的细节，使学生形成更完备的文化常识体系。

教师还要注意将联想法和主题图示法结合使用，使学生在文化常识的积累方面养成习惯，以点带面，以主带次，形成知识链条，进而归整成册。

文言文教学一直是中学语言教学中一个难啃的硬骨头，在语文学科核心素养的指导下，我们有理由相信：找好方向，勇敢尝试，努力改进，终会让文言文的课堂多一点趣味，让学生多一分主动，让学生的语文素养多一些提升。

（供稿：谢美红）

参考文献

1. 钱梦龙. 文言文教学改革刍议 [J]. 中学语文教学，1997 (4).

2. 余映潮. 余映潮的中学语文教学主张 [M]. 北京：中国轻工业出版社，2012.

3. 莫雷. 教育心理学 [M]. 广州：广东高等教育出版社，2002.

4. 童庆炳. 文学理论教程 修订版 [M]. 北京：高等教育出版社，1992.

5. 中华人民共和国教育部. 普通高中语文课程标准 [S]. 北京：人民教育出版社，2018.

6. 王力. 中国古代文化常识 [M]. 北京：北京联合出版公司，2018.

7. 刘永康. 西方方法论与现代中国语文教育改革 [M]. 北京：人民出版社，2007.

8. 靳彤. 语文教学能力实训教程 [M]. 北京：高等教育出版社，2012.

9. 杨小微. 教育研究的理论与方法 [M]. 北京：北京师范大学出版社，2008.

核心素养培育导向的普通高中
历史学科教学策略

　　清朝学者戴名世对历史有这样一番评价："夫史者，所以纪政治典章因革损益之故，与夫事之成败得失，人之邪正；用以彰善瘅恶，而为法戒于万世。是故圣人之经纶天下，而不患其或敝者，唯有史以维之也。"历史是一门包罗万象的学科，也是国家和民族的记忆。对于个人而言，学习历史可以更加聪慧，从历史中汲取经验和教训，从而更好地开拓自己的未来。在传统的历史教学模式下，由于受到高考指挥棒的影响，历史教师往往只注重历史基础知识的讲授，而对历史背后的人文精神和内涵分析较少，并且学生在学习过程中也多为被动接受知识。新课程改革则要求高中历史教学要重点培养学生的历史核心素养，为国家培养创新型和全面型的人才。

　　历史是文化的沉淀，它是一门关于过去的、时间久远的、具有真实性的学科。其教学不仅在于教给学生历史知识，更加重要的是培养学生的学科核心素养，促进学生的全面发展。高中历史老师应该深刻领会核心素养的具体内容以及精髓，在教学的过程中以此作为目标，创新教学方法，使高中历史课堂成为培养学生核心素养的主要平台。

一、高中历史学科核心素养的内涵

　　历史学科核心素养是学生在学习历史的过程中逐步形成的具有历史学科特征的必备品格和关键能力，是知识、能力、方法、情感态度和价值观等方面的综合表现。高中生应该具备的历史学科核心素养主要包括唯物史观、时空观念、史料实证、历史解释和家国情怀五个方面。唯物史观是学习和探究历史的核心理论和指导思想；时空观念是了解和理解历史的基础，是认识历史所必备的重要观念；史料实证是学习历史和认识历史所特有的思维品质，是理解和解释历史的关键能力与方法；历史解释是在形成历史理解和认识的基础上叙述历史的能力，是检验学生的历史观和历史知识、能力、方法掌握情况的主要指标；家国情怀是学习历史和探究历史在思想、观念、情感、态度等方面的重要体现，是实现历史育人功能的重要标志。

历史学科中核心素养是教育部根据历史学科的特征综合考量提出来的，可以帮助学生实现个人价值与社会价值的统一。

二、具体的高中历史教学策略

（一）强化学生主体参与意识，培养学生辩证分析能力

高中阶段，部分学生对于学习的热情尚未被完全激发出来，因此需要进一步激发，强化他们的主体参与意识。

史料是用于研究历史的档案、文献等，是通过前人的记录、总结和概括而产生的，其中难免会涉及他人的思想理念、心理倾向、性格趣味等主观性因素。因此，历史教学需要引导学生对史料进行去伪存真的辨析，以最大限度地维护客观性。这就需要教师在课堂教学中推动学生运用理性思维开启主动学习，辩证、客观地分析史料。以"第一次工业革命"的教学为例。笔者首先将学生划分成 3 至 5 人的学习小组，让他们自行分工。其次，笔者布置了具体的学习任务，即让各组针对工业革命中一系列的发明创造、工业革命发生的原因、工业革命对人类社会发展进程的重要影响等问题进行讨论，并将各自的论点记录下来。其间，学生可以借助各种史料寻找答案。笔者在学生的讨论过程中没有随意地干扰他们的想法，仅在他们遇到无法解决的问题时向笔者求助时才给予帮助。最后，各组得出观点后派代表到讲台进行阐述，同组同学可以随时补充。当各组阐明完各自的论点之后，笔者再结合他们的想法进行一定的补充和说明，从而将工业革命的教学目标顺利达成。可见，学生通过分工协作的方式自主探索完成学习任务，不仅能掌握学习主动权，而且还能对史料产生自

己独特的认知。

（二）利用思维导图，培养学生的时空观念

在长期的高中历史教学中，笔者发现，学生的系统观念普遍比较弱，常常形成知识混淆，按时间顺序和空间要素建构事件、人物、现象的联系的能力较差。思维导图是利用符号、颜色、文字、图像等元素呈现思维过程的一种工具，可以实现形象记忆与抽象记忆的统一，开发人的潜能。教师利用思维导图可以帮助学生更好地记忆历史事件，从而理清时空线索。例如，在讲授"战国时期的百家争鸣"这一课时，教师就可以利用思维导图帮助学生记忆相关内容。春秋时期是一个动荡的时期，思想上也呈现出百家争鸣的局面，涌现了许多思想流派。笔者让学生根据这些思想流派的产生背景、核心观念、影响以及它们之间的联系，设计一个树形的思维导图。在这个过程中，笔者提示学生：这几个思想流派之间是相互联系和影响的，比如儒家的孔子曾经问道于老子，而儒家的代表人物荀子的两个徒弟韩非和李斯都是法家的代表人物。通过思维导图，学生对各个思想流派的信息都有了清楚的了解，知道了"百家争鸣"持续了几百年，涉及当时许多个国家，自身的时空观念得到了增强。

（三）自主搜集和分析史料，提升学生史料运用能力

著名历史学家傅斯年曾说："历史就是史料学。"史料实证能力是指获取真实可信的历史资料的能力，能据此再现历史真相。培养学生的史料实证能力，对培养学生的思维和帮助学生形成"言必有据"的人格有重要作用。历史解释能力是指学生能够对历史事实作出客观的评判和分析，并能够通过对历史事实的分析，预测社会的发展。这两者都可被对于史料运用能力。在培养学生的史料运用能力时，教师应该将主动权交还给学生，让学生自主搜集和分析史料。例如，在讲授"王安石变法"这一课时，笔者改变了传统的教学思路，将主动权交还给学生。首先，笔者给学生设计了两个探究性的问题：①青苗法具有什么重要的意义？②王安石变法失败的原因。学生在课前就展开了史料的搜集工作，有的学生搜集了《宋史》里的相关内容，有的学生搜集了李亚平的《帝国政界往事》里的相关史料，还有的学生运用了《剑桥中国史》里宋史的部分内容。学生对搜集到的史料进行论证分析，提出了一些新颖的观点。比如，有学

生根据《宋史·王安石传》，指出王安石失败的很大一部分原因是王安石处事不够圆滑。通过对史料的整理和分析，学生的史料运用能力得到了提升。

（四）注重历史理论讲授，帮助学生树立唯物史观

历史研究离不开历史理论，如果把历史学比喻成一道菜的话，史料是食材，历史理论就是做菜的方法。只有运用正确的方法，才可以认清历史的本质和内涵。历史观是人们对社会历史的根本观点、总的看法，也是研究历史的根基。党的二十大明确指出："坚持运用辩证唯物主义和历史唯物主义。"没有在其指导下形成科学的历史观，便难以理性、客观地认识历史规律和把握历史发展的脉络。教师在教学当中要注重给学生讲授各种历史理论，并且引导学生形成正确的历史观。例如，在讲授"新民主主义革命与中国共产党"这一课时，教师需要用正确的历史观来指导学生。在讲到"中国共产党工作重心的转移"时，教师可以给学生讲授唯物史观的有关理论，强调唯物史观很重要的一条原则是"具体问题具体分析"，因此在不同时期共产党的工作重心也在城市与农村之间切换。

（五）理论与实践结合，强化学生的系统认知

在文明发展演变的过程中，人类世界渐渐出现了语言、哲学、心理等文化内涵，并促使世界发生着巨变。学生是具有蓬勃朝气的群体，在对外部世界作出反应时多会受到本能驱使，但由于思想尚未成熟，他们可能会产生一些错误想法。这个时候更需要教师进行正确的指引。例如，在讲授"启蒙运动"一课时，笔者采取理论与实践结合的方式帮助学生巩固所学知识。这节课的教学重点是要让学生掌握启蒙思想家的主张，即天赋人权、三权分立、社会契约论和人权论。笔者让学生从这四个主张中任意选取两个结合当下的社会热点事件进行分析和阐述，要求观点清晰、逻辑严谨和紧扣主题，但是展示形式不作限制，可以通过视频、文字、图片等形式将自己的观点呈现出来。学生在实践过程中，如果遇到疑惑可以向老师或者其他同学寻求帮助。这样的方式有利于学生形成举一反三的能力，对历史知识产生更系统的认知。

（六）借助历史纪录片，培养学生的家国情怀

历史纪录片是我们了解历史的重要工具，能还原历史现场，让观者身临其境。教师可以借助历史纪录片，让学生置身于历史当中，感受历史的厚重，激发学生的家国情怀。例如，在讲授"新中国外交"这一课时，笔者给学生播放了《共和国外交风云》系列纪录片。通过纪录片，学生看到了新中国成立以来在动荡变幻的国际政治舞台上中国外交五十年所走过的艰难历程。看完纪录片之后，笔者又提出了"你们觉得影响外交的最重要因素是什么吗?"等启发性问题，有效地培养了学生的家国情怀。

（七）开展合作探究，提升实践创新能力

教师要充分发挥学生的主动性和积极性，可以在教学的过程中适度引入合作探究学习模式，将课堂的主体从教师转变为学生，让学生在合作探究的过程中提高实践能力以及创新能力。学生进行小组探究合作学习的过程也是历史学科核心素养的培养过程。例如，讲到"战国时期的百家争鸣"这一课时，教师可以为学生布置了"百家争鸣对儒家思想的形成起到了哪些作用?"的学习课题。学生根据这个学习课题在小组中分配任务，包括查找"百家争鸣"的历史资料、查找儒家思想的形成背景、历史资料的整理及分析、课堂交流展示等。在这一过程中历史解释和史料实证等历史学科核心素养都得到了培育和提升。又如，在教授"一代雄狮拿破仑"一课时，教师可以事先布置学习任务，让学生合作完成收集拿破仑正面评价的史料、拿破仑反面评价的史料、拿破仑的名言的任务。教师在讲完拿破仑的主要活动后，展示学生收集来的材料，让学生对拿破仑进行评价。这样的方式能让学生学会论从史出、史论结合的方法，学会对历史人物和历史事件要运用唯物史观、辩证地看待。

三、小结

综上所述，高中历史教师要深刻理解和掌握历史学科核心素养的内涵，加强对历史教学方法的创新，从多种途径来提升学生的历史核心素养，包括利用

思维导图、历史纪录片，引导学生开展合作探究等。总之，新课程改革是一个较为复杂的探索过程，高中历史教师必须要认识到新课程改革的发展趋势，在实际教学过程中，转变传统的教学理念，采用科学有效的教学手段，进一步发挥学生的主体作用，更好地帮助学生成长，提升其综合素质。

（供稿：张良）

参考文献

1. 邹贤俊，罗福惠，郑敬高. 中国古代史学理论要录［M］. 武汉：湖北人民出版社，1990.

2. 李露芳. 高中生历史解释能力的培养研究［D］. 扬州：扬州大学，2017.

3. 宋波. 历史"核心素养"培育问题剖析［J］. 教学与管理，2018（1）.

在探究性学习中培养学生的创新思维

——以高中英语课的探究性学习为例

在新课程标准指导下的高中英语教学，应以培养学生的英语学科核心素养，即语言能力、文化意识、思维品质、学习能力为中心。在这样的新要求下，教师不再是单纯的知识的传播者、发号施令的权威，而是共同学习的参与者；是教学活动的设计者、指导者，学生心灵的探索者，学生创造能力的发掘者。学生也不再是外部刺激的被动接受者、知识灌输的对象，而是成为学习的主体、信息加工的主体、意义构造的主体。因此，笔者在"灵动三元"助学课堂理念的指导下，进行了"探究性学习"的教学尝试，以彰显学生在高中英语学习中的主体地位，助力学生创新思维的培育。

一、探究性学习的性质和任务

探究性学习是培养学生独立、自主地进行知识探究的一种学习方式。"探究性学习"的课堂，不局限于教师对学生进行单纯的书本知识的传授，而是创造条件让学生参加实践活动，积极主动地去探索、尝试，自己寻找问题、解决问题、完成学习的过程，在实践中学会学习、学会创造并获得各种能力，真正成为学习的主人。应该说，在探究性学习中，教师扮演的角色更多的是指导者和协助者。由于探究性学习的任务比较综合，难度相对更大，且每个学生所面临的任务不同，要解决的问题不同，其学习的过程和步骤也不同，需要在教师的指导和同伴的帮助下进行。所以，研究性学习既是个体的学习，又是团队的学习。

高中英语课的探究性学习除具有一般探究性学习的特点外，还具有学科的独特性。高中英语课的探究性以解决与英语语言相关的问题为短期目标；以培养学生的英语学习兴趣，提升学生英语理解和表达能力为中期目标；以培养学生综合语言运用能力为长远目标。

二、怎样设计高中英语课的探究性学习

在探究性学习中，小组合作学习是一种行之有效的形式。小组合作学习将社会心理学的合作原理纳入教学之中，强调人际交往对于认知发展的促进功能，是与"个体学习"相对应的一种教学策略和学习组织形式，是一种学生在小组中通过明确的责任分工，完成共同任务的互助性学习方式，是培养创新精神与实践能力的新型教育方式。它的产生克服了传统教学存在的弊端，能优化课堂教学形式，提高课堂教学效率。小组合作学习，鼓励学生主动思考和主动探究，可以使每个学生平等地参与学习并有充分发表见解和表现自己的机会。学生参与其中，其进主体意识、进取意识、创造意识和竞争意识都能较好地得到强化。

（一）通过小组合作学习，沟通课内与课外，实现奠基与提高的有效联系

英语教学需要给学生较多的语言实践机会，因此英语小组合作学习是比较理想的教学模式。具体而言，英语小组合作学习的实施形式多样。

在常规的课堂教学中，可以采取形式多样的小组合作学习活动。例如，英语对话表演。教师设定一个固定的场景，布置各小组编写对话的任务，学生进行小组分工，在编写和练习对话的过程中训练思维，这样每个人都得到了英语语言技能（听、说、读、写）培养的机会。学生的想象力很强，他们集思广益，在课堂的对话表演也是丰富多彩。教师或参与，或点拨，实现了对学生学习的"动态组织"。再如，小组合作预习。教师可以根据每个模块的引入部分（Introduction）为各小组安排课文的读前活动（Pre-reading），让学生进行模块话题相关资料的搜集、词汇学习、课文重难点寻找等；课堂上，让学生在小组中交流读前活动的收获，讨论其间发现的问题，并准备全班交流的内容。小

组成员相互协作，取长补短，共同完成预习任务，然后在课堂上分别展示各小组的学习成果。注意，在这个时候，教师不宜过多干涉，评价要以学生的相互评价为主，充分体现出了学生在小组活动中的自主性，而不是简单地由教师评出优劣。

在专题性活动中，学生有更大的自主权，更有利于发挥小组合作学习的作用。比如，在必修五的模块 3 Adventure in Literature 中，学习完课文 The Steamboat，笔者让学生以小组为单位根据课文情景自主编排一个英语短剧，在课堂上表演。课文节选自小说的一部分，所以短剧结局由学生参考故事情节自己确定。学生的参与积极性和热情都非常高。每天下午的活动课时，所有的学生都能以各小组为单位自发地组织排练。他们互相学习，共同进步。当有学生发音不准或者音调不合语境时，同组的同伴就会主动帮助他纠正。当进行表演时，学生都积极动脑，发挥个人想象力，结合情景进行表演动作的完善。大家在一种轻松愉快又和谐团结的氛围中学习英语。学生主动参与英语话剧的剧本编写及表演，其实就是主动进行英语的听说读写的训练活动。当学生遇到困难的时候，笔者作为英语老师给予他们一点提示和引导，比传统的以教师讲授为主的教学方式更高效。

（二）通过小组合作学习，发挥特长，共同进步，增强学习自信

英语是一个语言学科，英语语言能力不仅需要接受式的学习，更需要在实践中的反复运用。在这个过程中，学生因个体差异，语言能力也会有强有弱。小组合作学习，能有效激发学生间的互帮互助，实现学生的共同进步，增强学生的学习自信。

以教师在课堂上安排的即时小组合作学习为例。教师将课文阅读理解（Reading Comprehension）中的学习活动，如问答练习（Questions and Answers）、课文大意（Main Idea of the Text）、正误判断（True or False）等安排学生进行分组讨论。有了共同目标，不同学习程度的学生之间就能进行较好的合作交流。英语水平较差的学生能得到较好的学生的热情帮助，而较好的学生能在帮助同学的时候巩固相关知识并体会到成就感。讨论的结果也是小组合作的成就。渐渐地，学生的学习兴趣和积极性会得到提升，信心自然就增强了。学生经过自我学习和合作学习，主动学习了课本的内容，课堂上学生们的

角色转变成了教师，在展现自己小组作业的同时和全班同学进行交流，在理解课文的同时进行听说读写的训练，学习的主动权完全在学生手里。教师只需要对学生进行适当的指导和评价。

另外，上面谈到的分小组英语短剧表演活动中，学生分组排练短剧，不仅个人会因为说台词的需要反复练习自己的口语，团队成员也会为了提升整体演出效果主动相互帮助，纠正、优化每个人的语音语调。对相关的英语词汇、句型的记忆得以反复强化。这个过程总能让学生主动提升英语语言的技能，实现共同进步。

小组合作学习将教师授大课转变为学生合作学习的情境。小组合作学习的过程也是学生之间互助互爱的过程。在小组合作学习过程中，学生会学会与拥有不同背景、不同能力的人一起共事。小组成员共同商讨、互勉互励、共闯难关，会让每个参与其中的人渐渐学会关心帮助他人、提升人际交往技能。每当完成一次小组合作学习任务，学生也都能切身体验到学习的愉悦感和成就感。他们为自己努力付出后的收获感到自豪，也因小组成员间的默契合作达到目标而感到骄傲。更重要的是，英语语言能力相对较弱的学生能重新树立学习的信心。

三、怎样在探究性学习中培养学生的创新思维

（一）营造创新环境，激发创新欲望

美国学者罗伯特·麦瑞克认为，教学中有利于学生学习的因素为关怀、理解、认同、尊重、友情和信任。心理学家罗杰斯认为心理的安全、自由是促进创造能力发展的主要条件。从本质上讲，创造性思维必定是异样的。当学生在心理上感到安全时，他就不会害怕表现，无须在进行创造性思考及实践时处于保守状态，从而保持"心理的自由"。

可以说，轻松、愉快、民主、自由、和谐的学习环境会对学生的精神面貌、学习动机、自我形象产生积极的影响，会使学生的主动性、创造性得到发展，使学生的思维更活跃。因此，在教学中，首先，教师应当帮助学生制定适

当的学习目标，并设计和确认达到目标的最佳途径，指导学生形成良好的学习习惯，掌握学习策略。其次，教师要以平等、包容、豁达的心态面对学生，多向学生传递鼓励、信任、尊重等情感信息，以开朗、睿智、幽默去感染学生，使学生体会到师生共同享有一片阳光。再次，教师要注重培养学生的学习兴趣，为学生的学习服务，努力营造一个充满接纳性、宽容性的课堂，使学生在积极参与教学活动的过程中感受到自己是学习的主人。

（二）突破定式，培养创新思维

有学者提出："创造性思维是以解决学习中所提出的疑难问题为前提，用独特新颖的思维方式，创造出新观点、新知识、新方法等心理过程。"在英语教学中，培养学生的创造性思维，教师必须改变单一发展学生聚合思维的做法，突破思维定式的束缚，以发散思维为切入点和突破口，增强学生的问题意识，进而培养学生的创新思维。要增强学生的问题意识，在笔者看来，要着力于问题的设置，包括教师巧妙设问及学生巧妙提问。

以阅读教学为例，笔者常常针对阅读材料的主旨大意、作者的意图与态度、人物的性格、文中暗含的意义等巧设问题，以培养学生通过已有知识进行创造思维。例如，在"Modern Architecture"中，笔者穿插提问："① What are the difference between ancient architecture and modern architecture? ② Why can we regard Antonio Gaudi as a modern architect? ③ If you were free to design your own dream house, what would that house look like?"此外，笔者也会注意把提问的权力交给学生，让学生展示其创造性思维能力。例如，让学生在学习完课文后，就课文内容进行互问互答，鼓励学生提思考性强、富有独创性的问题。在学习了"Making a difference"一文后，学生便提了许多问题：① Who is greater, Galileo or Zhang Heng? ② How did the discoveries of Galileo and Zhang Heng help us better understand the world? ③ What can we learn from the scientists? ④ If you were a scientist several hundred years ago, what would you do?

（三）活用教材内容，运用创造性思维

活用教材内容就是从教材给定的情境迁移到新的情境中，引导学生从课文

中跳出来，把对某个问题的理解在时间和空间上作出延伸，注重联系实际。例如，学习了 *Saving the earth* 一文后，笔者让学生结合我国长江、黄河流域的情况以及周边地区空气污染、水污染和噪声污染的情况，提出自认为切实可行的改善意见。又如，在学了 *No smoking，please*！一文后，笔者要求学生运用所学知识，用英文给要吸烟的亲朋好友写一封劝说戒烟的信。这样的方式，使学生不局限于课本知识，能使用关联性的知识分析甚至解决生活中的实际问题，从而培养创造性思维。

（四）改变评价观念，发展创新个性

学习评价要具赏识性、激励性，要倾向于对学生学习过程和结果给予更多的肯定、赞赏、表扬与鼓励，着眼于学生的长远发展。树立激励性评价的观念，能使教师对学生恰如其分地进行评价，营造出一种积极的充满善意的环境，使学生树立信心，从内心产生对学习的正面的情感体验。例如，在讨论式教学和开放性的作文评价中，笔者善于理解学生在讨论和作文中体现的个人思想，捕捉其中的闪光点，欣赏他们的个性，鼓励他们发表新颖、独到的见解，为学生的创新个性的养成提供广阔空间。

（五）开展课外活动，提高创新活力

英语教学，亟待打开教室的大门，缩小课堂与生活的距离，让"源头活水"流进课堂。在教学实践中，笔者从以下几类活动进行了尝试。

第一，辩论赛。智慧在碰撞中才会闪耀出动人的火花，创造性思维也是如此。因此当一批富有个性的学生走到一起的时候，由于每个学生的起点不同、观察角度不同、研究方法不同、分析问题的水平不同，就必然会产生不同的甚至对立的看法。教师组织辩论赛，让学生在参与过程中积极开动脑筋、充分表达自己的意见，从各个方面、各个角度进行智慧碰撞，每个学生个体都受到其他同学提到的意见信息的刺激与启发，有利于锻炼创造性思维。为此，笔者经常组织学生举行辩论赛。例如，在学了 *A new car factory* 一文后，笔者出了这样一个辩题：Is it good or bad to build such a new car factory? 在学了 *The secret is out*！后，让学生围绕辩题"Boy students study better than girl students"进行辩论，引导他们放言高论。

第二，调查研究。这是新课程改革倡导的学习方式。教材中涉及环境教育的文本很多。学习这方面的课文后，笔者引导学生结合课文内容，调查自己生活的环境中存在的污染问题，自选角度，自拟题目，写出调查报告，提出自己的见解和构想。这一教学活动的目的是引导学生到生活的广阔天地去寻找"源头活水"，积累生活经验、丰富情感、扩大视野、增长见识、开阔襟怀、引发思考。

第三，编写故事。编写故事是有利于开发创造性思维的活动。学完一个单元后，笔者会给出常用的词和词组，让学生用这些词和词组编写一个故事，开启学生心扉。中学生是一群生龙活虎、情感丰富的人，他们懂得观察、充满幻想，他们编写的故事也是丰富多彩的。

除此之外，还可以开展编报纸、征文大赛、演讲比赛等课外实践活动，引发学生丰富的联想和想象，让学生更具创新活力。

一代教育大师陶行知先生说得好："处处是创造之地，天天是创造之时，人人是创造之人。"只要教师善于探索、关注引导，学生创造性思维的火花一定会熠熠发光。

（供稿：张友兰）

参考文献

1. 张肇丰. 试论研究性学习 [J]. 课程·教材·教法，2000（6）.

2. 文可义. 研究性学习的目标特色及构成要素 [J]. 教育探索，2003（1）.

3. 周文胜. 研究性课程探析 [J]. 教育实践与研究，2003（2）.

4. 冯新瑞. 研究性学习在学科教学中应用的探讨 [J]. 课程·教材·教法，2002（5）.

5. 顾锡平. 研究性学习的特点及实施 [J]. 教育评论，2001（6）.

6. 刘蜿华，罗朝猛. 聚焦研究性学习：从理论到实践 [M]. 广州：中山大学出版社. 2002.

7. 中华人民共和国教育部. 普通高中英语课程标准 [M]. 北京：人民教育出版社，2018.

8. 费奥斯坦，费尔普斯. 教师新概念：教师教育理论与实践 [M]. 王建平等，译. 北京：中国轻工业出版社，2002.

以核心素养为导向的高中物理
实验教学探究

随着新课程改革的不断推进，"核心素养"一词越来越频繁地出现在大家面前。究竟什么是核心素养？2005年，联合国教科文组织出版的《发展教育的核心素养：来自一些国际和国家的经验和教训》为"核心素养"下了一个定义：使个人过上他想要的生活和实现社会良好运行所需的基本素养。2013年我国全面开启学生核心素养培育的学术研究、实践探索与政策制定等工作。在2014年3月教育部印发的《关于全面深化课程改革落实立德树人根本任务的意见》中首次提出了"核心素养体系"的概念，在之后的研究和实践过程中提出了中学生九大核心素养，并具体细分了二十五项核心素养，其中概括指出中学物理学科核心素养包括物理观念、科学思维、科学探究、科学态度与责任四个方面。如何以核心素养为导向开展教学以适应新课程改革全面育人的目标，成为一线教师当前面临的一项重要工作。

当前高中物理学科教学的现状是，部分教师和学生为了取得好的应试成绩，重理论而轻实验，加之受传统教育重结果而轻过程的错误观念的影响，实验教学在具体教育教学过程中的受重视程度大打折扣。有时候实验仅仅是课堂氛围的调节剂，为了不"大动干戈"，分组实验默默地变成了演示实验或多媒体视频观看，科学探究成了教师的科学推理或验证，导致实验教学在培养学生科学探究能力和科学思维能力方面的作用没有显现出来。以核心素养为导向的高中物理课堂应该怎样进行实验教学呢？笔者做了如下分析。

一、重视实验教学，让物理理论建立在物理实验的基础之上

物理是一门以实验为基础的学科。在物理课堂中，有时候理论凝练领先于实验；有时候则是先观察到某种实验现象，再建立相关理论对其进行解谜。如果把物理学比作一个巨人，理论和实验就是其前进的双腿。理论和实验是相辅相成的关系，没有实验佐证的理论有可能是不科学的；没有理论的支撑，实验是盲目的。普通高中物理教材很好地体现了这一思想。以现行的普通高中物理新课标教科书为例，我们可以看到每一课时都会涉及实验。有的实验来源于生活，一张图片就可说明其中的道理，有一些重要的实验则需要教师演示甚至组织学生分组实验。这些大大小小的实验课内容，让物理学科变得与众不同。学生能感受到其中的"物理味"。

例如，在解析自由落体运动概念时，课本设计的第一个环节是观察与思考"重的物体要比轻的物体下落更快吗"，引入历史上有名的关于"重快轻慢"的争论，用一个古老而简单的问题激发学生的学习兴趣，然后通过现代的牛顿管实验和宇航员月球实验证明空气阻力对物体下落的影响，让学生进行推理：如果没有空气阻力影响，轻重不同的物体下落是一样快的。于是笔者建立了一个理想物理模型：自由落体运动。第二个环节是介绍伽利略对自由落体运动的探究。课文用了很大的篇幅讲述探究过程，发现问题、提出假说、间接验证环环相扣，非常精彩，这个实验探究过程是符合学生认知规律的。学生认识到伽利略的研究过程很艰难，当时的人们对"重快轻慢"的理论深信不疑，但是最终伽利略仍旧用实验赢得了胜利。亚里士多德的权威更突显了伽利略的伟大。

又比如，在学习牛顿第一定律时，教师引入伽利略以经典的理想斜面实验证明力不是维持物体运动的原因的历史事件，让学生体会到理想实验的精妙之处，知道伽利略是建立实验物理的第一人，是牛顿力学的奠基人。可以这样说，是实验成就了伽利略，实验创造了物理学。

二、加强探究性实验教学，让实验成为科学探究的重要载体

以结果为导向的教学模式会使物理教学变成物理模型和物理公式的堆砌，目的是花最少的时间成本获得更多的卷面分数。短期来看，或许能通过这种模式完成教学任务；长期来看，这实则扼杀了学生的科学探究能力，不符合以核心素养为导向的育人宗旨。在倡导以人为本的今天，教学工作当然应该以学生为本。就物理学科的本质而言，实验教学是培养学生科学探究精神并激发学生学习潜能的重要工具。教师应该注重实验教学特别是探究性实验教学，在教学过程中把探究的过程留给学生，让科学结论在探究中慢慢浮出水面，让学生充分体验探究过程的乐趣。这样既符合学生的认知规律，又保护了学生的学习热情。

以探究共点力合成的规律实验为例，基于结果导向的教学设计，多数教师会让学生直接去验证力的平行四边形定则，而不是去探究矢量运算的基本法则，用验证实验取代探究过程。以核心素养为导向的课堂则可以设计成如下几个环节：

环节一，猜一猜"合力与分力如何进行等效替代，它们之间可能遵循什么样的规律"。教师抛出问题，学生大胆猜想。有的学生也许知道结果，但是不知道为什么会形成这样的结果。

环节二，想一想"如何通过实验来进行探究合力与分力的关系"。教师引导学生，结合实验器材，分小组讨论实验方案，最终统一到用力的图示来寻找合力与分力的关系。

环节三，做一做。学生根据讨论设计出实验方案，按照实验方案进行实验操作并做好记录。教师进行指导说明。

环节四，议一议。学生通过不同小组的探究得出结论"合力与分力遵循力的平行四边形定则"。教师总结这是矢量运算的基本法则，为以后的运动合成分解做好铺垫。

实验的每一个环节都可能会有一些生成性问题，过程越复杂问题可能越多，解决这些问题花费的时间也越多。然而正是这些生成性的问题往往会成为

激发学生潜能的关键。探究的过程给学生带来的乐趣和成就感也是他们通过反复做题无法获取的。

物理学科核心目标就是培养学生的探究意识和探究能力，使其发挥自身在学习中的主体作用，获得相关知识，而实验恰恰是实现这一目标行之有效的途径。

三、科学设计实验课程内容，利用实验有效培养学生科学思维能力

科学思维能力包括模型建构能力、科学推理能力、科学认证能力、质疑创新能力。中学阶段是科学思维能力养成的重要阶段。有效利用这一阶段可以让学生分析问题更加成熟、理性。高中物理实验教学过程中有很多考查学生科学思维能力的地方，要求学生不仅理解课本上的基本实验，还要进行实验创新。

例如，在"测电源电动势和内阻"的实验。该实验学习目标为：第一，知道测量电源的电动势和内阻的实验原理，进一步感受电源路端电压随电流变化的关系；第二，经历实验过程，掌握实验方法，学会根据图像合理外推进行数据处理的方法。教材设计的是以"伏安法"测电动势和内阻，但是具体的实验教学往往要求学生能拓展到用"安阻法""伏阻法"进行创新实验设计，考查学生用数学方法处理物理问题的能力。"伏安法""安阻法""伏阻法"三种实验方案都会用到闭合电路欧姆定律和一次函数来处理数据。在教学过程中，教师要避免把三个方案一股脑告诉学生而不注重思维方法的总结。笔者总结了以下可供参考的教学方法。首先，教师要引导学生通过第一种方案的学习，总结如何利用闭合电路欧姆定律建立一次函数模型，进而利用图像得出电动势和内阻，重点讲清楚图像和电路动态量之间的关系。然后，教师设置问题"如果只有电流表和电阻箱能测量吗"，再根据学生探究的情况给出电路图，引导学生建立一次函数图像模型解决问题。随后，教师在讲明前两种方案的基础上，直接把第三个方案以题目的方式抛给学生，让学生当堂设计并完成实验。最后，教师可以对学生的实验完成情况进行点评，分析思路，明确方法，既训练了思维，又让学生有更大的参与度和获得感。总的来说，思维训练要始终遵循"跳

一跳就能摸得着"的原则，保护学生持续的探究和学习热情。

四、注重渗透式教学，让科学态度与责任在实验过程自然呈现

《普通高中物理课程标准》（2017 年版）指出"科学态度与责任"包括科学本质、科学态度、社会责任等。教师不妨解读为学生不仅要知道什么是科学，更应该知道怎样学习科学、为什么要学习科学、用科学可以做什么不能做什么。我国老一辈科学家如钱学森、邓稼先等为了祖国的国防科技事业付出毕生精力，他们怀着满腔热情，用科学研究成果报效祖国，最终实现人生价值。科学实验并不只有冷冰冰的数据和结果，还藏着一个个有温度的故事，告诉我们伟大的责任和担当是什么。在教学中，如果教师一丝不苟地处理实验过程、认真分析实验数据、谨慎得出结论、坦然面对失误，学生自然能感受到科学态度，进而把这种对科学的态度应用到自己的实验过程中。渗透教育，能让学生更崇尚科学、敬畏科学，学习用科学造福人类，实现科学的德育功能。

总的来说，以核心素养为导向的高中物理教育要注重实验在科学教育中的重要作用，体现物理学科以实验为基础建立物理观念的学科特点，以实验教学为载体，培养学生科学探究的能力和科学思维能力，渗透科学态度与责任意识，实现科学、人文教育的双重育人目标，让教育资源得到充分利用，实现学生综合素质的全面提升。

（供稿：段建军）

参考文献

1. 蒋东营. 基于核心素养的高中物理实验教学研究 ［D］. 扬州：扬州大学，2018.

2. 孙向东. 高中物理课堂中渗透物理核心素养的几点思考 ［J］. 教育界（基础教育），2018（6）.

3. 李燕. 核心素养下高中物理实验教学刍议——高中生物理核心素养养成的几点思考 ［J］. 考试周刊，2019（71）.

第三部分

教学设计

研究补铁药片中铁元素的价态

一、背景研究

（一）课标分析

[内容要求]

结合真实情境中的应用实例或通过实验探究，了解铁及其重要化合物的主要性质以及这些物质在生产、生活中的应用；了解通过化学反应实现物质转化。

[学业要求]

能利用典型代表物的性质和反应，设计常见物质检验的简单方案；能从物质类别和元素价态变化的视角说明物质的转化路径。

[教学策略]

通过对补铁药片中铁元素价态的探究，形成并发展学生的微粒观、价态观；在分组实验探究过程中，结合实验现象、数据等证据素材，引导学生形成检验物质的一般思路。

通过让学生用不同的方法研究补铁药片中铁元素的价态的方式探察学生对铁及其化合物体系认识的障碍点，以进一步明确教学重点和难点。在组织学生开展实验探究活动时，注意实验前的分析预测和对实验现象的分析解释，对假设预测、实验方案、实验结论进行完整论证，发展学生"宏观辨识与微观探析"和"证据推理与模型认知"的化学学科核心素养，培养系统思维能力。

（二）教材分析

［教材内容］

人教版高中化学必修 1 第 3 章"金属及其化合物"第 2 节"几种重要的金属化合物之铁的重要化合物"。教学计划两课时。第一课时，分组实验探究补铁剂中铁元素的价态。第二课时，从整体上认识铁元素及其重要化合物的性质，熟练掌握铁及其重要化合物的相互转化，同时掌握铁离子和亚铁离子的检验。

［地位和作用］

列出近五年全国卷中考查铁及其化合物的试题，发现该类试题主要围绕铁及其化合物的性质及转化、分类思想、氧化还原反应原理等展开，综合考查学生利用化学反应基本原理、基于实验目的分析实验现象得出结论的能力。因此，研究补铁药片中铁元素的价态既能帮助学生梳理、巩固常见无机物的性质等知识点，又能帮助其掌握真实问题解决的思路和方法，达成核心素养发展的教学目标。

（三）实验研究

［学生实验 1］用不同的方法研究补铁药片中铁元素的价态

第一小组：用 $K_3[Fe(CN)_6]$ 溶液检验是否含有 Fe^{2+}。

实验用品：研钵、漏斗、滤纸、烧杯、玻璃棒、试管、补铁药片（硫酸亚铁片）、稀硫酸、铁氰化钾溶液、蒸馏水。

实验操作：取 20 粒硫酸亚铁片放于烧杯中，用蒸馏水洗去药片糖衣后将洗好的药片放进研钵，并加入少量稀硫酸研磨。再将研磨好的溶液过滤，并将滤液加热（不至沸腾）。① 最后取少量待测液于试管并加入少量铁氰化钾试剂，观察现象。

实验现象及结论：出现蓝色沉淀（见图 1），说明补铁剂中铁元素为 +2 价。

---

① 后文将以上实验步骤简称为"预处理"。

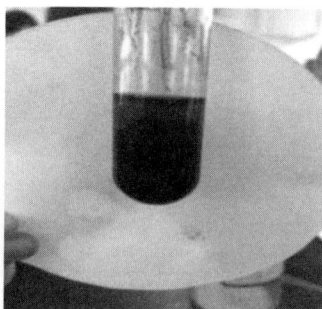

图1 第一小组汇报的实验现象

第二小组：用 NaOH 溶液检验 Fe^{2+} 和 Fe^{3+}。

实验用品：研钵、漏斗、滤纸、烧杯、玻璃棒、试管、补铁药片（硫酸亚铁片）、稀硫酸、氢氧化钠溶液、蒸馏水。

实验操作：取 20 粒硫酸亚铁片放于烧杯中作预处理后，取少量待测液于试管并加入少量氢氧化钠试剂，观察现象。

实验现象及结论：出现白色絮状沉淀，上层迅速变为灰绿色（见图 2），说明补铁剂中铁元素为 +2 价。

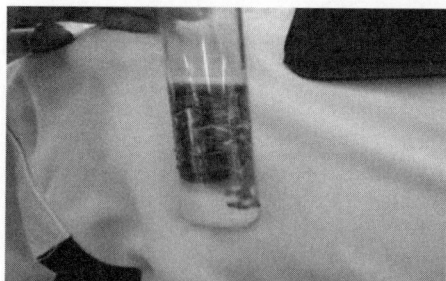

图2 第二小组汇报的实验现象

第三小组：用 84 消毒液和 KSCN 溶液检验 Fe^{2+} 和 Fe^{3+}。

实验用品：研钵、漏斗、滤纸、烧杯、玻璃棒、试管、补铁药片（硫酸亚铁片）、稀硫酸、84 消毒液、KSCN 溶液、蒸馏水。

实验操作：取 20 粒硫酸亚铁片放于烧杯中作预处理后，取少量待测液于试管，先加入几滴 KSCN 溶液，若无明显现象，再加入稀释后的 84 消毒液，观察现象。

实验现象及结论：加入 84 消毒液后溶液变为血红色（见图 3），说明补铁剂中铁元素为+2价。

图3　第三小组汇报的实验现象

第四小组：用 H_2O_2 溶液和 KSCN 溶液检验 Fe^{2+} 和 Fe^{3+}。

实验用品：研钵、漏斗、滤纸、烧杯、玻璃棒、试管、补铁药片（硫酸亚铁片）、稀硫酸、50%的 H_2O_2、KSCN 溶液、蒸馏水

实验操作：取 20 粒硫酸亚铁片于烧杯中作预处理后，取少量待测液于试管，先加入几滴 KSCN 溶液，若无明显现象，再加入 50%的 H_2O_2 溶液，观察现象。

实验现象及结论：加入 H_2O_2 溶液后，溶液变为血红色（见图4），说明补铁剂中铁元素为+2价。

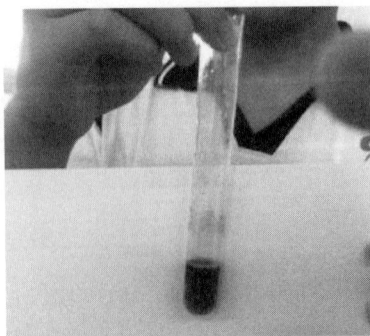

图4　第四小组汇报的实验现象

第五小组：用 $KMnO_4$ 溶液和 KSCN 溶液检验 Fe^{2+} 和 Fe^{3+}。

实验用品：研钵、漏斗、滤纸、烧杯、玻璃棒、试管、补铁药片（硫酸亚铁片）、稀硫酸、0.01 mol/L $KMnO_4$ 溶液、KSCN 溶液、蒸馏水。

实验操作：取 20 粒硫酸亚铁片于烧杯中作预处理后，取少量待测液于试管，先加入几滴 KSCN 溶液，若无明显现象，再加入 0.0001 mol/L KMnO$_4$ 溶液，观察现象。

实验现象及结论：加入 KMnO$_4$ 溶液后溶液变为血红色（见图 5），说明补铁剂中铁元素为+2 价。

图 5 第五小组汇报的实验现象

[学生实验 2] 研究补铁剂不能和浓茶同服的原因。

实验用品：研钵、漏斗、滤纸、烧杯、玻璃棒、试管、补铁药片（硫酸亚铁片）、稀硫酸、现制浓茶、蒸馏水。

实验操作：取 20 粒硫酸亚铁片放于烧杯中作预处理后，取少量待测液于试管，再加入浓茶，观察现象。

实验现象及结论：硫酸亚铁片溶解液与浓茶反应生成了蓝黑色单宁酸铁的络合物（见图 6）。

图 6 实验现象

（四）情境素材设计

图片组：补铁剂分为无机补铁剂（见图 7）、有机补铁剂、复合补铁剂

（见图8）。由于有机补铁剂和复合补铁剂成分较复杂，内含物质具有氧化性、还原性，对检验铁元素价态存在干扰，故采用无机补铁剂进行研究。

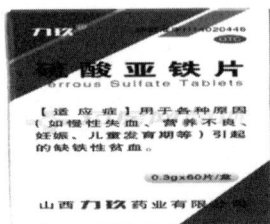

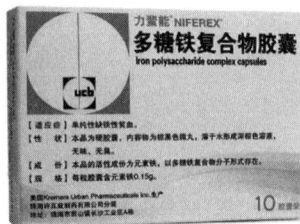

图7 硫酸亚铁片　　　　图8 多糖铁复合物补铁剂

资料卡片：鲁科版高中化学选修6"补铁药中铁成分的鉴定"中指出，补铁剂中物质内含配位键难断裂，为使铁离子或亚铁离子游离出来，研磨时可加硫酸进行酸溶。

视频：自制《学会合理补铁，用化学创造美好生活》的微课视频。

二、教学目标

（1）通过分组实验以及汇报研究补铁剂中铁元素价态的项目内容及成果，梳理铁及其重要化合物的知识网络，评价必备知识达标情况。

（2）通过绘制铁及其重要化合物的思维导图，构建思维模型，提升信息读取能力，分析物质之间相互转化的思维能力、实验探究能力。

（3）通过交流讨论如何合理补铁，发展学生利用化学原理解决生产、生活实际问题的能力。

三、教学环节设计

（一）课前项目研究

高三的学生已经具备运用多种方法检验铁元素价态的能力，同时补铁剂说明书提到补铁剂不能和浓茶同服，维生素 C 与补铁剂同服效果更好。故本项目的课前任务如下：

任务 1：对补铁剂中铁元素的价态提出猜想，各小组设计不同的方案验证其猜想。

任务 2：研究为什么补铁剂不能和浓茶同服？为什么维生素 C 与补铁剂同服效果更好？

分解项目任务后，各小组学生通过查阅资料设计实验方案，再经过组内辨析改进方案后开始实验研究。基本流程如图 9 所示。

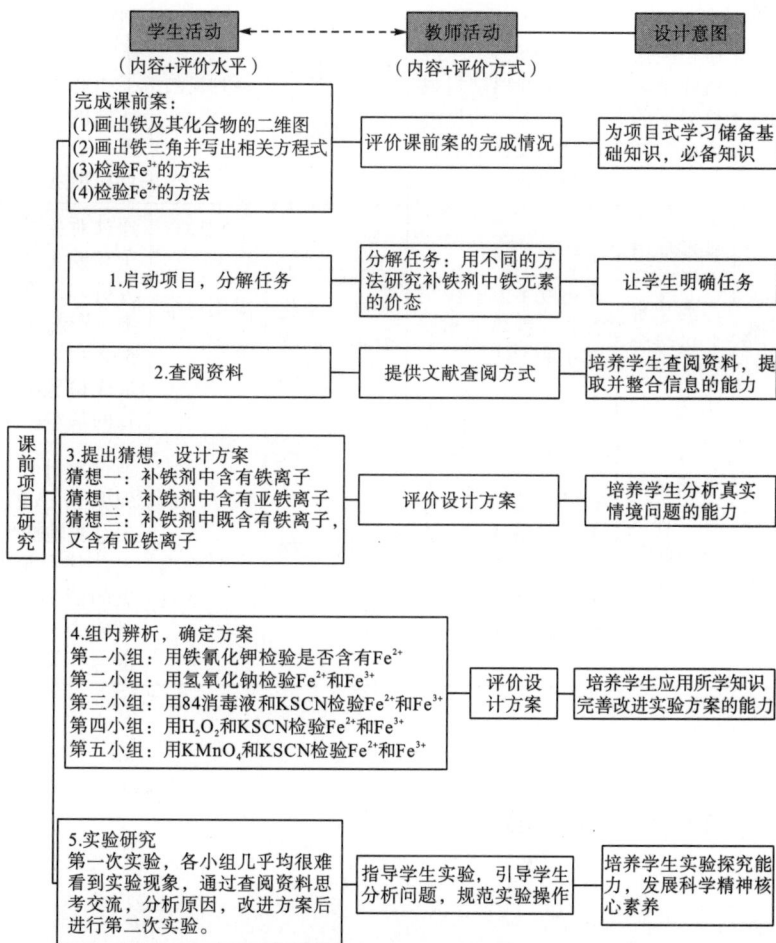

图 9　课前项目研究基本流程

（二）课中项目展示交流

以梳理铁及其重要化合物的知识网络、构建思维模型、反思巩固为三个任务展开教学，"心动元"指向真实情境为核心知识载体、"主动元"指向整理必备知识的问题解决，"互动元"指向交流、评价的学习反馈，教学环节设计见表1。

表1　教学环节设计

活动环节	核心问题	心动元	主动元	互动元	设计意图
任务1：梳理铁及其重要化合物的知识网络	认识多角度检验亚铁离子和铁离子的方法	从生活中缺铁贫血就医引入，各小组展示交流项目成果，组间对项目成果进行评价后反思并总结项目研究过程和收获	整理与铁及其重要化合物相关联的错题错因	定时检测	通过分组研究补铁剂中铁元素价态探察学生对检验铁离子和亚铁离子方法认识的障碍点，以进一步明确教学重点和难点
任务2：构建思维模型	能形成解答铁及其重要化合物的综合题的一般方法	多角度多方法探究检验亚铁离子和铁离子的方法	绘制解答有关铁元素化合物的问题的思维导图	应用思维导图	通过对检验亚铁离子和铁离子的方法分析，结合实验现象、资料卡片等证据素材，引导学生形成检验元素化合物的基本思路
任务3：反思巩固	能将关键能力体现在解决各种真实情境中的问题上	设计检验铁离子和亚铁离子的实验方案、预测实验现象并实施实验，根据现象得出结论	分析总结错因	定时检测	通过对补铁剂中铁元素价态的研究，提升实验操作能力、设计并评价实验方案的能力、证据推理能力、信息提取能力等关键能力

四、教学实施过程

（一）任务一：汇报交流，梳理网络

教师展示多糖铁复合物补铁剂和硫酸亚铁片的图片，引入：一个月前，小张经常出现头晕眼花、面色苍白、记忆力减退等症状。通过就医并做微量元素检测发现，他缺铁。医生开了补铁剂，这时他想到化学课上学过铁元素通常有三种价态，那补铁剂中的铁元素是多少价呢？于是我们成立了研究小组，对补铁剂中铁元素的价态展开了研究。

学生分小组通过展示实验用品、实验方案、实验过程视频、实验现象及项目实施反思等内容汇报了本次项目学习过程及收获。汇报过程中，组间学生互评。经提出疑问再解答疑问的过程，本次学习的成果得以升华。

学生 A：组 3 方案中可以将 KSCN 溶液和 84 消毒液稀释溶液滴加顺序互换吗？

学生 B：不能，因为若溶液中存在 Fe^{3+}，则无法检验 Fe^{2+} 是否存在。

学生 C：组 4 方案中 H_2O_2 溶液能否用同样具有强氧化性的稀硝酸代替？

学生 D：不能，稀硝酸反应后会产生 NO，不环保。

教师小结：各小组历经一个月的研究得出补铁剂中铁元素的价态为＋2价。但由于补铁药片中铁元素含量很低，组 5 在实验过程中很难看出溶液的紫红色褪去或变浅，组 1 的实验方案无法证明 Fe^{3+} 是否存在。相比之下，组 2、3、4 的实验方案更合理。在课前项目学习过程中，我们用到了很多关于铁及其重要化合物的知识，请同学们完善课前案中的内容，梳理铁及其重要化合物的知识网络。

学生自主完成课前案，组内、组间交流评价铁及其重要化合物的知识网络。

教师做过渡：在我们刚刚复习的铁及其重要化合物专题中，同学们还有一些没有解决的问题，我们一起来看看。

（二）任务二：思考交流，构建模型

教师：请同学们找出铁及其重要化合物专题复习小练中自己的错题，自查错因，组内讨论必备知识的漏洞和关键能力的缺失。

学生进行组间交流，构建相关思维模型。

学生 A：易将硫氰化钾误认为血红色沉淀。

学生 B：不清楚用硫氰化钾和氯水检验亚铁离子时，加入试剂的先后顺序。

学生 C：缺少依据实验目的设计实验方案的能力。

教师引导学生建构解决此类问题的一般方法，展示思维模型。

教师：接下来我们就应用同学们梳理的关于铁及其重要化合物的知识网络和思维导图解决真实问题。

（三）任务三：定时检测，反思巩固

学生独立完成学案上的定时练习，生生互评。

教师评价总结。

结课：教师播放《学会合理补铁，用化学创造美好生活》微课视频，引导学生科学补铁，合理膳食，应用化学知识创造美好生活。

五、教学反思

在以核心素养为导向的新课标、新教材、新教学的课程改革背景下，高考命题本就以贯彻落实立德树人的根本任务、坚持正确育人方向、促进五育并举为导向。依托于高考评价体系，严格以《普通高中化学课程标准》为指导的化学学科教学活动，应当能够充分落实教授必备知识、培养关键能力、发展化学学科核心素养的任务。而以学生为主体的项目式学习，能让学生在真实的问题情境中充分实践，在探究和解决问题的过程中获得基本知识和技能、关键能力、必备品格。其理念和目标都与当前基础教育教学改革相一致。因此，项目式学习是促进核心素养融合发展的有效教学方式，更是推动教育发展范式转型的重要抓手。在高考评价体系的引领下的项目式教学和学习活动更能聚焦核心知识，彰显知识的功能、价值，实现"知、情、意、行"相统一的学科育人，切实提高学生的核心素养。

（供稿：吴佳玲）

基于证据推理氯水性质的探究

一、背景研究

（一）课标分析

[内容要求]

结合真实情景中的应用实例或通过实验探究，了解氯及其化合物的主要性质，了解这些物质在生产、生活中的应用。

[学业要求]

能将化学知识与生产、生活实际结合，主动关心并参与有关的社会性议题的讨论，赞赏化学对人类生活和生产所作的贡献；能运用所学的化学知识和方法分析讨论生产、生活中简单的化学问题。

能设计物质转化的方案，能运用化学符号表征物质的转化。

能收集和表述实验证据，基于实验事实得出结论。

能依据"绿色化学"思想分析生产和应用存在的问题，提出处理或解决化学问题的方案。

[教学策略]

通过对氯水成分及性质的探究，发展学生的价态观和元素观；通过绘制氯及其化合物的"价－类"二维图，发展学生对氯及其化合物性质的结构化认识思路；通过研究消毒液的漂白原理，发展学生解决实际问题的能力，深化其对化学学科价值的认识；通过小组合作实验，发展学生观察现象、实验操作的能力，分析问题、解决问题、交流表达的能力，以及团队意识和沟通协调能力。

利用实验视频、数字化实验、绿色封闭实验让学生在课堂上安全、充分地动起来，引导学生组织小组设计实验方案、评价实验方案等，让小组活动形式多样化；以实验线为载体、知识线为主导，渗透素养线展开课堂教学，旨在培养学生化学学科核心素养，建立证据推理的化学素养。

（二）教材分析

［教材内容］

人教版必修1第4章"非金属元素及其化合物的性质"第2节富集在海水中的元素——氯。教学计划两课时。本节为第二课时。实验探究氯气与水反应、与碱反应，了解氯及其化合物的主要性质，了解这些物质在生产、生活中的应用。

［地位和作用］

本节内容是继第3章金属元素及其化学性质之后，进一步探讨非金属元素及其化学性质；从知识结构来讲，是元素化合物知识的完善，为后续学习元素周期表进行知识储备。因此，本节知识对于后续章节的学习有着重要的作用。

（三）实验研究

1. 设计微型实验：氯水成分探究

实验装置：井穴板（见图1）。

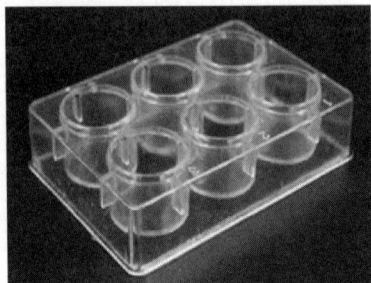

图1　微型实验装置：井穴板

实验操作：分别向装有无水硫酸铜、硝酸银溶液、pH试纸的井穴孔中各滴加一滴新制氯水，现象见图2。

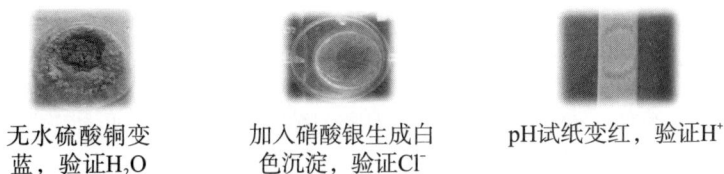

无水硫酸铜变蓝，验证H$_2$O　　加入硝酸银生成白色沉淀，验证Cl$^-$　　pH试纸变红，验证H$^+$

图2　验证新制氯水中部分成分实验的现象图

改进意义：将试管实验改为在井穴板中进行，操作更简单，试剂用量少，体现绿色化学思想。

2. 对比干燥氯气与湿润氯气漂白性的改进实验

实验设备：在收集满干燥氯气的具支试管中，装入一片干燥的有色皱纹纸。支管口接有橡胶软管，尾端夹有止水夹，注射器中吸取一定量蒸馏水（见图3）。

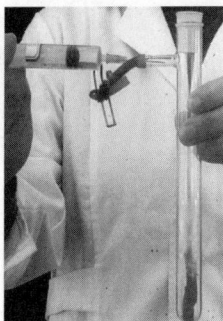

图3　对比干燥氯气与湿润氯气漂白性的改进实验装置图

实验操作：将注射器中的蒸馏水推入具支试管中，对比操作前后的实验现象（见图4）。

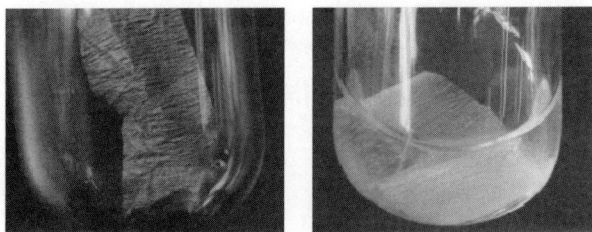

图4　加入蒸馏水前后的现象对比图

改进意义：（1）对比实验，将教材上的两个实验合并为一个，现象更直观，便于比较。

（2）操作简便，时效性更高，采用密闭装置，更体现绿色化学思想。

3. 84消毒液的漂白原理实验

实验操作：分别向两个装有有色皱纹纸的井穴孔中滴加84消毒液，用吸管向其中一个井穴孔中吹气，过程操作见图5。比较遇到不同浓度的二氧化碳时，消毒液的褪色时间。

图5　84消毒液漂白原理实验操作图

实验结果：向井穴孔中吹气约1分钟，有色皱纹纸完全褪色，说明84消毒液的漂白原理是与溶液中的碳酸反应生成次氯酸，二氧化碳浓度越大，漂白速率越快。

（四）情境素材设计

1. 录制实验微课视频《氯水的不稳定性》

实验内容：强光照射新制氯水，用溶解氧传感器测溶液中溶解氧浓度的变化，装置如图6所示。

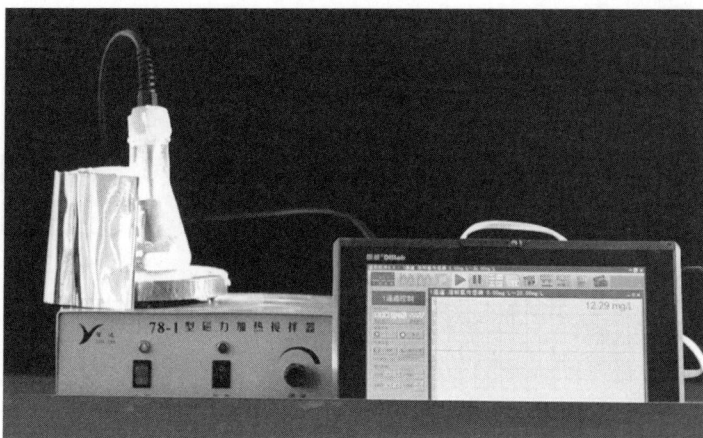

图 6　强光照射新制氯水，溶解氧传感器测溶液中溶解氧的浓度

实验结果：强光照射 30 min，得到如图 7 所示的图像数据，说明光照条件下，新制氯水不稳定，易分解产生氧气。从元素观的角度认识到是次氯酸不稳定，见光易分解。

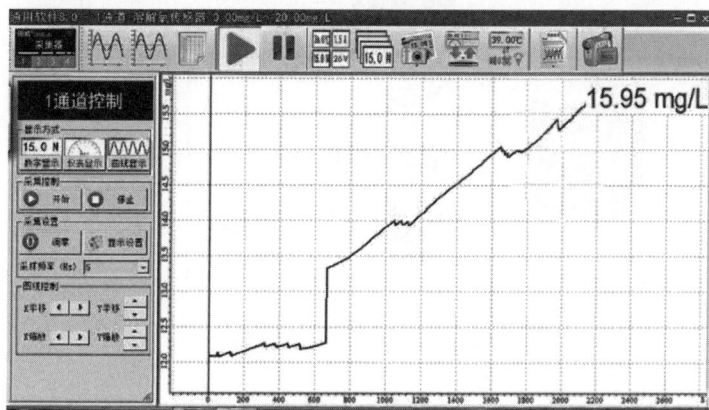

图 7　强光照射 30 min 后，溶液中溶解氧的浓度变化

2. 新制氯水、久置氯水性质对比图

将新制氯水、久置氯水分别滴在 pH 试纸上，对比现象如图 8 所示。久置氯水只能使试纸变红不褪色，说明无漂白性。这让学生真实感受到次氯酸的不稳定性，导致氯水的漂白性难以长时间保持。在实际生产中，利用氯气与碱反应转化为较稳定的次氯酸盐。

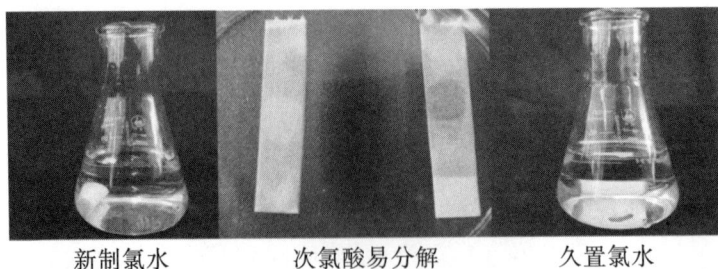

新制氯水　　　　　次氯酸易分解　　　　久置氯水

图 8　新制氯水与久置氯水滴在 pH 试纸上的现象对比

3. 实物素材

展示消毒液及其使用说明（见图 9），引导学生认识其漂白原理并提出验证方案，感受生活中的化学。

图 9　84 消毒液及使用说明书

4. 实验微课：84 消毒液与洁厕剂混合使用

实验装置：试管装入约 5 mL 的 84 消毒液，长胶头滴管上端缠绕滴加氢氧化钠溶液的脱脂棉，吸收生成的氯气。

实验操作：将吸取了洁厕剂的长胶头滴管伸入消毒液液面以下，挤压出盐酸。

实验结果：观察到现象见图 10，有气泡产生，溶液因溶有氯气呈现黄绿色，说明 84 消毒液与洁厕剂混合使用会产生有毒物质，生活中不能混合使用。

了解含氯消毒液的合理使用方法，让学生感受到化学的应用魅力。

图10—84 消毒液与洁厕剂混合后现象图

二、教学目标

（1）通过实验探究，了解氯水的成分，培养学生的化学学科素养——科学探究与创新意识。

（2）通过归纳整理，认识氯水的性质，培养学生的学科素养——证据推理。

（3）通过实验验证，理解氯气与碱的反应，了解含氯消毒液及其合理使用；培养学生的科学精神，激发学生的社会责任感。

三、教学环节设计

围绕探究氯水成分、认识氯水性质、研究氯气与碱的反应三个任务展开教学，"心动元"指向以真实情境为核心知识载体，"主动元"指向探究、实证的问题解决，"互动元"指向交流、评价的学习反馈，教学环节设计见表1。

表1 教学环节

活动环节	核心问题	心动元	主动元	互动元	设计意图
任务1：探究氯水成分	了解氯水的成分	以"我们的生活用水多需自来水厂以氯气消毒，氯气如何消毒?"为导引入新课	展示氯水，让学生从元素、价态进行猜测并设计实验进行验证 学生实验：(1) 氯水成分探究；(2) 氯水中的漂白性物质探究，对比干燥氯气与湿润氯气的漂白性	学生设计、交流方案，验证方案并进行互评	培养学生从元素、价态的角度分析氯元素及其化合物，建立认识元素化合物知识的一般方法。学生设计方案、评价方案、实施方案、进行结果分析，了解科学探究的一般方法
任务2：认识氯水性质	归纳整理，认识氯水的性质	探讨氯水成分各自对应的性质，完善思维导图，以"氯水为什么保存在棕色瓶中"继续引发思考	1. 完善思维导图：氯水成分与性质 2. 思考氯水为什么保存在棕色瓶中 3. 观看微课视频《氯水的不稳定性实验》 4. 思考久置氯水是否有漂白性	通过归纳、整理、完善思维导图，分享交流、系统认识氯水的性质，观察实验、交流讨论进一步认识氯水的不稳定性	通过思维导图这种思维可视化的工具，帮助学生系统构建相关知识体系；通过溶解氧传感器，可直观感受在光照过程中溶解氧浓度的变化，提升认知水平
任务3：研究氯气与碱的反应	理解氯气与碱的反应，了解含氯消毒液及其合理使用	次氯酸的不稳定，导致氯水的漂白性难以长时间保持。在实际生产中，利用氯气与碱反应转化为较稳定的次氯酸盐	1. 学生实验 (1) 氯气与氢氧化钠制备次氯酸钠；(2) 84消毒液消毒原理研究 2. 观看微课视频《84消毒液与洁厕灵混合使用》 3. 交流讨论：氯气的功与过	合作实验、分享交流实验现象；讨论、交流84消毒液的消毒原理；交流、讨论氯气在生产生活中的功与过	结合真实情境中84消毒液的使用说明、实验验证，了解含氯消毒液及其合理使用；学生讨论，教师点评氯气的功与过，培养学生辩证的认识观，激发学生的社会责任感

四、教学实施过程

（一）任务一：探究氯水的成分

教师提问：江河中的水能否直接饮用？它被用作生活用水，还需自来水厂进行一系列处理，在消毒池中使用氯气进行消毒。那么，氯气是如何起到消毒作用的呢？

教师展示实物"一瓶新制的氯水"（见图11），引导学生观察并思考：氯水中可能含有哪些成分？可以从元素观、价态观、微粒观等角度进行猜测，设计方案并进行验证。

图 11　新制氯水

学生进行小组合作，完成实验探究一。

实验结果见表2：

表 2　氯水可能含有的成分

可能的微粒	验证	现象
H_2O	无水硫酸铜	变蓝
Cl^-	硝酸银溶液	产生白色沉淀
H^+	pH 试纸	变红后褪色

学生：说明氯水中含有 H_2O、Cl^-、H^+，氯水呈黄绿色，说明还有 Cl_2。

教师：pH 试纸先变红后褪色，说明氯水中有漂白性物质，是因为 Cl_2 的强氧化性使其褪色的吗？

学生小组合作，完成实验探究二。

实验结果：干燥的氯气不能使有色的皱纹纸褪色，注入蒸馏水后有色皱纹纸褪色，说明干燥的氯气没有漂白性，氯气与水反应后则成为一种具有漂白性的物质。

教师：从元素、价态角度综合分析，该物质是次氯酸。

（二）任务二：认识氯水的性质

教师提示：通过实验探究，大家知道了氯水的成分，氯水的性质就是这些微粒成分性质的集合。请完成氯水成分与性质的思维导图。

学生完善思维导图并进行交流、互评。

教师提问：氯水为什么被保存在棕色试剂瓶中？

学生：说明氯水见光易分解。

教师引入：结合氯水成分来看，是哪种物质不稳定？它会分解成为什么物质呢？我们可以借助数字化实验，帮助我们更直观地观察现象。请结合微课视频来进行思考。

教师播放微课视频。

学生观看微课视频并交流，完成方程式的书写。

教师提示：光照过程中，溶解氧的浓度不断增大，结合已有知识从元素、价态角度分析出是次氯酸见光分解生成氧气。

学生进一步补充完善思维导图。

教师提问：那久置的氯水还有漂白性吗？

教师展示图片"新制氯水与久置氯水滴在 pH 试纸上的现象对比图"。

学生：久置氯水变为无色，且 pH 试纸只变红不褪色，说明久置氯水成分为盐酸溶液。

（三）任务三：研究氯气与碱的反应

教师：氯水表现出的漂白性是次氯酸的性质，但次氯酸不稳定，见光易分解，故在生产生活中利用氯气与碱的反应制备成稳定的次氯酸盐进行保存。

学生分小组合作，完成实验研究任务三——氯气与氢氧化钠溶液的反应，汇报交流，完成方程式的书写。

教师小结：对比氯气与水反应的实验现象，与氢氧化钠溶液反应时，试管中黄绿色消失更快，且支管处的橡胶软管变得更瘪，说明氯气与碱反应更充分。利用该性质，实验中常用碱吸收氯气。

教师提问：生活中常用的 84 消毒液的有效成分为次氯酸钠，它是如何进行漂白的？

教师展示实物图片"84 消毒液及使用说明书"。

学生讨论交流消毒液的漂白原理。小组合作完成实验研究，比较不同浓度的二氧化碳对 84 消毒液漂白性的影响。实验中二氧化碳的浓度越大，褪色越快，说明次氯酸钠与溶液中的碳酸反应生成次氯酸，表现漂白性。

教师提问：84 消毒液、洁厕灵都是家中常见的清洁用品，为什么二者不能混合使用？

教师播放微课视频。

学生观看微课视频并下结论，二者混合会产生有毒的氯气，很危险。

教师提问：因为氯气有毒，大家都谈之色变，那氯气在生产生活中就真的是百害无一利吗？

学生分小组讨论、交流，分享氯气的功与过。

教师展示图片"氯气的功与过"（见图 12），引导学生学会辩证地看待事物。

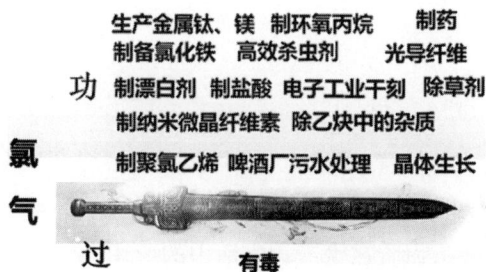

图 12　氯气的功与过

（供稿：万红利）

自然界中的"钠"些事儿

一、背景研究

（一）课标分析

[内容要求]

结合真实情景中的应用实例或通过实验探究，了解钠、铁及其重要化合物的主要性质，了解这些物质在生产、生活中的应用。

[学业要求]

能列举、描述、辨识典型物质重要的物理和化学性质及实验现象。能用化学方程式、离子方程式正确表示典型物质的主要化学性质；能从物质类别、元素价态的角度，依据复分解反应和氧化还原反应原理，预测物质的化学性质和变化，设计实验进行初步验证并能分析、解释有关实验现象。

[教学策略]

（1）发挥核心概念对元素化合物学习的指导作用。

（2）重视开展高水平的实验探究活动。

（3）紧密联系生产和生活实际，创设丰富多样的真实问题情境。

（4）鼓励使用多样化的教学方式和学习途径。

（二）教材分析

[教材内容]

"钠及其化合物"是教材第 2 章第 1 节内容，是学生系统研究元素化合物的起始课，共分为 4 个课时。第 1 个课时的内容为"决定金属钠的性质的因素"；第 2 课时的内容为"探究对比氧化钠和过氧化钠"；第 3 课时的内容即"设计实验鉴别小苏打和苏打"；第 4 课时，学生需要结合第 3 课时有关的知识，通过教师提供的图表，思考如何探究纯碱的工业制备。本教学计划为第 1 课时的内容。

[地位和作用]

本课作为系统研究元素化合物的起始课，有利于学生复习、巩固和运用第一章所学的氧化还原反应、离子反应等知识，也能为以后卤素及物质结构、元素周期律的学习作铺垫，在高中化学中占有重要位置，对元素化合物的学习有着重要的指导作用。

（三）实验研究

依据课标学习活动建议，设计钠在空气中燃烧的改进实验。

实验装置与操作：将一个有凹槽的 1 mm 厚的金属铝片加热 1 分钟，同时切取一块绿豆大的钠，用滤纸吸干煤油，用小刀去除表面氧化膜，迅速投到铝片上。继续加热 2 秒（加热时间与环境温度有关）左右至钠融化后立即撤掉酒精灯，观察现象。

实验现象：钠熔成小球，表面形成一层银白色薄膜，黑色液体涌出，薄膜迅速破裂，边缘呈现黑色，表面形成一层银灰色薄膜，边缘开始燃烧，迅速剧烈燃烧，发出黄色火焰，有大量白烟生成。火焰熄灭，生成黑色固体，固体由黑色逐渐变成棕褐色，再是黄色、淡黄色。

改进意义：

（1）选择厚度为 1 mm 的金属铝片作为载体，学生能更加方便、直接地观察到反应现象；

（2）为了避免煤油对实验的干扰，将钠用滤纸吸收煤油后，用小刀切除掉表面氧化膜。

二、教学目标

（1）通过实验研究钠的保存方式，总结出钠的物理性质，书写钠与氧气在常温下反应的化学方程式。

（2）通过实验探究钠和水的反应，从宏观、微观结合的视角分析与解决问题，形成"结构决定性质"的观念，书写钠与水反应的化学方程式，体验科学探究过程，养成严谨求实的科学态度。

（3）通过对比钠与氧气在常温和加热条件下的反应，认识化学反应与反应条件的关系。

三、教学环节设计

以实验研究钠的保存、实验探究钠与水的反应、认识反应条件对化学反应的影响这三个任务展开教学，心动元指向真实情境为核心知识载体，主动元指向实证、探究的问题解决，互动元指向交流、评价的学习反馈。教学环节设计见表1。

表1　教学环节设计

活动环节	核心问题	心动元	主动元	互动元	设计意图
任务1：实验研究钠的保存	认识钠的物理性质，从结构出发预测钠的化学性质	从熟悉的金属（铁、铝）引入，开启金属钠的探索之旅	1. 观察分析：邀请学生打开金属钠的试剂瓶，轻轻扇闻以确定液体物质 2. 演示实验：教师用展台投影出切割金属钠的演示实验，让学生认识金属钠的物理性质	从金属钠的原子结构出发，交流预测金属钠的化学性质	通过观察钠的保存和切割钠的实验，获取钠的物理性质。再通过画钠原子的结构示意图，从结构出发预测钠的化学性质，初步形成结构决定性质的观念

活动环节	核心问题	心动元	主动元	互动元	设计意图
任务2：实验探究钠和水的反应	能利用氧化还原理论和物质类别的角度分析预测钠和水反应的产物，能通过实验证明金属钠的还原性	白磷和钠一样易与氧气反应，为什么白磷可以保存在水中，而钠保存在煤油中？	1. 学生实验：从理论出发预测钠和水反应后的产物，并设计实验，分组进行实践以证明猜想 2. 观察分析：记录钠和水反应的实验现象，揭示现象背后所隐含的原理	分析并概括实验现象，推理每个实验现象所代表的化学意义，并学以致用，解决"为什么要把钠保存在石蜡或煤油中？"和"钠着火时怎么灭火？"这两个问题	通过对钠和水反应的前端理论分析，结合实验现象等证据素材，引导学生形成科学探究的基本思路
任务3：认识反应条件对化学反应的影响	反应物相同，若条件不同，则现象不同，产物也不同	铁钉在常温下生成红棕色的铁锈，而铁丝在点燃的条件下燃烧生成黑色物质，那么钠在氧气中燃烧还是氧化钠吗？	学生实验：学生分小组做钠在空气中燃烧的改进实验，并记录实验现象	讨论、交流观察到的实验现象，据此得出不同条件对反应的影响	通过对比钠在常温以及在加热条件下与氧气反应的实验分析，明确化学反应条件的重要性，加深巩固结构决定性质的分析思路

四、教学实施过程

（一）任务一：实验研究钠的保存

教师展示装有铁片、铝片、金属钠的试剂瓶。提问：观察装有金属钠的试剂瓶，可以获取哪些物理性质呢？

教师作过渡：金属钠的试剂瓶中有液体，这种液体是什么呢？

学生打开瓶盖，进行扇闻。

教师演示实验，切割金属钠，强调让学生关注金属钠切割面的变化。

钠的物理性质：保存在煤油中，说明钠的密度比煤油大，状态为固体，银白色，金属光泽，硬度质软。

教师展示图片"钠的切割面迅速变暗",说明钠和氧气发生了反应。请学生画出钠的原子结构示意图,从结构出发预测钠的化学性质。

学生画钠的原子结构示意图并进行分析(见图1)。

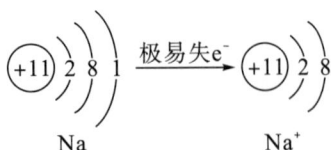

钠在反应中容易失一个电子,表现出强还原性

图1　钠原子的结构及性质分析

(二)任务二:实验探究钠和水的反应

教师提问:白磷和钠一样易与氧气反应,为什么白磷可以保存在水中,而钠保存在煤油中?

学生回答:钠和水可能会发生反应。

教师:从氧化还原理论和物质类别的视角出发,预测钠和水反应的可能产物,并设计实验验证猜想。

学生预测钠和水的反应产物并设计实验方案,进行交流展示。教师点评确定实验方案,学生分组进行实验,记录实验现象并进行分析。实验结果见表2。

表2　钠与水反应的现象及分析

观察的角度	现象	分析及结论
钠在水中的位置	钠块浮在水面上	密度小于水
钠的形状的变化	迅速熔化成一个闪亮的小球	反应放热,钠熔点低
钠是否运动	在水面上四处游动	有气体产生
反应有无声音	发出"嘶嘶"的响声	反应剧烈,生成气体
溶液颜色的变化	溶液变成了红色	有碱生成

实验结果说明钠和水发生了反应,且生成了碱和气体,同时获取到金属钠的另一个物理性质——熔点低。

教师提问:回到最开始的问题,钠为什么保存在煤油中?

学生回答：隔绝氧气和水。

教师提问：钠着火时，应该怎么灭火？

学生回答：用干燥的沙土。

（三）任务三：认识反应条件对化学反应的影响

教师提问：铁钉在常温下生成红棕色的铁锈，而铁丝在点燃的条件下燃烧生成黑色物质。金属钠能在常温下与氧气反应生成白色固体氧化钠，那么钠在氧气中能否燃烧？燃烧后的产物还是氧化钠吗？

学生依据实验步骤进行分组实验，记录实验现象。

教师小结并提问：钠和氧气在常温下反应生成白色固体氧化钠，而在燃烧条件下反应生成淡黄色固体过氧化钠。由此得知钠的化学性质很活泼，在常温或加热的条件下都能跟氧气反应，且产物与反应条件有关（条件不同，现象不同，产物不同）。在两个反应中，钠元素的化合价是如何变化的？

学生回答：均是从 0 价升高到 +1 价。

教师小结：回到钠的原子结构示意图，从结构出发得到钠的强还原性，同时用实验也验证了钠的强还原性，不论是何种化合物，钠的化合价都是 +1 价。因此，研究一种物质的角度就要从其结构出发，结构决定了性质。

（供稿：刘东东）

自由落体运动

一、背景研究

（一）课标分析

［内容要求］

通过实验，认识自由落体运动规律。结合物理学史的相关内容，认识物理实验与科学推理在物理学研究中的作用。

［学业要求］

理解自由落体运动的定义、条件、性质，掌握自由落体运动的规律，掌握重力加速度的大小和方向；通过斜面实验了解物理学研究实际问题的流程、方法。

［教学策略］

通过对亚里士多德和伽利略不同观点的对比，让学生尝试猜想影响落体运动快慢的因素，培养学生对未知进行主动探究的习惯；让学生通过观看大型牛顿管实验的视频、亲自动手操作牛顿管等方式，总结得出不受空气阻力时落体的运动特点，引出自由落体运动的定义和条件。

让学生通过分组斜面实验探究自由落体运动的规律，以问题提出、进行猜想、推理分析、实验验证、合理外推、得出总结的顺序，感受回顾伽利略的探究过程。在进行猜想这一步骤中，结合相关资料介绍伽利略的猜想方式，使学生感受到数学与物理不可分割的关系；在学生进行试验时，强调多次实验减小误差，由 Excel 中函数公式自动得出结论，再总结出初步的规律公式。实验与现代常用技术工具相结合，培养学生的思维能力、动手能力，体现科学探究的思想。

引导学生归纳出重力加速度的概念，通过智能手机重力传感器和 App（phyphox），动手测出重力加速度的值；进一步讲解自由落体运动的规律公式；引入测枯井深度等生活情景，让学生进行理论应用，加深对自由落体运动规律的理解。

（二）教材分析

［教材内容］

教科版高中物理必修 1 第 2 章第 5 节"自由落体运动"。教学计划 1 课时。引导学生对自由落体运动的规律进行理论猜想、实验探究，借助生活中常见的实际情景运用自由落体运动的规律解决简单的问题。

［地位和作用］

在本节内容讲授以前，学生已经掌握了匀变速直线运动的相关概念和规律，具备了学习本节课内容的基础。自由落体运动在整个高中阶段各类情景中都非常常见，是很多综合性问题的重要组成部分。同时，由于受到日常生活的影响，学生对于"重快轻慢"的现象印象深刻，教学过程中的演示实验、探究过程将尤为重要。

（三）实验研究

（1）依据课标及教材教学建议，借助牛顿管完成对落体运动快慢影响因素的探究。

实验装置：牛顿管（见图 1）。

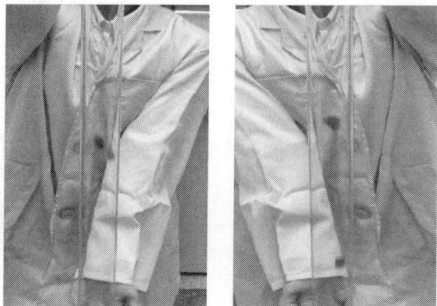

图 1　牛顿管

实验操作：实验时先将牛顿管中空气抽出，让学生观察管中羽毛和铁片下落快慢的对比；再将阀门打开，让学生边听边看实验现象，再重复实验，对比两次落体运动快慢的影响因素。

实验结果：当牛顿管抽到近似真空时，羽毛和铁片下落的速度几乎一样快；当打开阀门，能听见空气进入的声音，观察到羽毛被吹起来了；有空气后再次进行实验，能明显地感受到羽毛下落速度比铁片慢得多。

（2）依据课标学习活动建议重现伽利略对自由落体运动规律的探究过程。

实验内容：通过斜面实验验证伽利略对自由落体运动规律的猜想。

实验装置：自制斜面、纸挡板、小刚球、秒表、角度测量软件。

实验操作：结合伽利略以及学生的猜想 $x \propto t^2$，在自制斜面距离起点 80 cm、160 cm、240 cm 处做好标记，保持斜面角度不变，利用秒表分别测量小球从起点到标记点所用的时间，注意测量过程中计时起点应为释放小球时刻，计时终点应为小球撞上挡板的一瞬间。多次测量后舍去误差较大的数据，剩余数据取平均值以减小误差，利用 Excel 软件拟合出 x 与 t^2 关系的趋势线，得到 $x \propto t^2$。改变斜面倾角再次完成实验，验证猜想的正确性。

（3）借助手机传感器，利用软件 phyphox 对重力加速度的具体值进行测量。

实验内容：分别将手机平行于地面自由落体（下落方向与传感器 z 轴方向相反）、垂直于地面自由落体（下落方向与传感器 y 轴方向相反），此时 $a = -g$，由于空气阻力的影响，将得到两个不同的加速度值。结合现代常用技术手段让学生认识到物理与生活紧密相连。

4. 根据教材活动内容借助刻度尺完成反应时测量，进一步应用自由落体运动的规律。

（五）情境素材设计

（1）以新闻发布会的形式体现亚里士多德与伽利略不同观点的碰撞（见图2）。（以现代化的方式引入，更贴近生活，激发学生的学习兴趣。）

图 2　首届跨越千年"落体运动"新闻发布会视频截图

（2）根据课标活动建议查阅资料，介绍伽利略对自由落体运动规律的推理过程。（让学生在学习过程中感受到物理和数学的紧密联系，体会到科学研究的不易。）

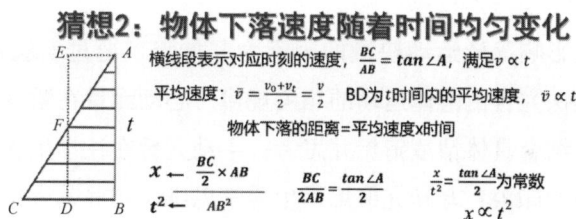

图 3　伽利略对自由落体运动规律的推理过程

三、教学目标

（一）物理观念

（1）理解自由落体运动的定义、条件、性质。

（2）掌握自由落体运动的规律。

（3）掌握重力加速度的大小和方向。

（二）科学思维

（1）培养学生的观察能力和逻辑推理能力。

（2）理解自由落体运动是一种理想化模型。

（三）科学探究

通过斜面实验知道物理学研究实际问题的流程、方法。

（四）科学态度与责任

（1）敢于质疑权威，勇于想办法验证自己的想法。
（2）通过实验探究，形成实事求是的科学态度。

三、教学环节设计

引导学生以影响落体运动快慢的因素为起始点，通过实验进行猜想并验证，再结合史实探究自由落体运动的相关规律。心动元旨在激发学生的学习积极性，要求学生结合具体情境猜想并思考；主动元旨在让学生感受科学探究过程，加深对知识的印象；互动元锻炼学生科学思维，培养其合作交流能力。教学环节设计见表1。

表1 教学环节设计

活动环节	核心问题	心动元	主动元	互动元	设计意图
任务1：新闻发布会引疑问	猜想影响落体运动快慢的因素	借助新闻发布会展示伽利略与亚里士多德观点的碰撞，激发起学生的学习兴趣	学生代入角色扮演，充分体会学术争论氛围	学生扮演不同角色进行对话	打造情景、激发兴趣、引出课题
任务2：牛顿管实验引入自由落体	通过较为理想的实验分析影响落体运动快慢的因素	播放视频"大型真空实验室中的自由落体实验"	学生进行实验观察，并注意观察打开空气阀门后有什么现象	学生交流讨论影响落体运动快慢的因素	通过对比实验验证猜想，并改变学生"重快轻慢"的错误的生活经验

活动环节	核心问题	心动元	主动元	互动元	设计意图
任务3：以斜面实验回顾伽利略探究过程	探究自由落体运动的规律	如何利用现代常见技术改良伽利略提出的验证方法	学生分组进行实验，跟随伽利略的探究过程，体会科学探究的完整过程，分析总结自由落体运动的规律公式，感受物理学进行科学探索的魅力	学生合作交流探究过程，总结出自由落体运动相关规律	在实验中更深刻地体会伽利略探究自由落体运动规律的过程，培养学生的思维能力、推理能力
任务4：了解学习重力加速度	了解学习重力加速度的概念及变化规律。	利用现代常见技术测出重力加速度的值	学生分组对不同下落方向的重力加速度值进行探究	学生进一步完善自由落体运动规律的相关公式，讨论猜想重力加速度值出现较大偏差的原因。	将生活中常见技术与课堂内容相结合，让学生感受到"物理从生活中来，也能回到生活中去"

四、教学实施过程

（一）任务一：新闻发布会引疑问

教师展示首届跨越千年"落体运动"新闻发布会视频截图。

教师邀请两名同学，一名同学扮演亚里士多德召开"落体运动"新闻发布会宣布结论，一名同学扮演前来质疑的伽利略。一名同学负责拉走伽利略。

教师过渡：伽利略的想法能不能得到验证呢？他当时又是如何进一步探索自由落体运动的呢？

学生分小组交流讨论。

（二）任务二：牛顿管实验引入自由落体

教师简单介绍牛顿管组成，先让学生观察抽气后的羽毛和铁片下落的快慢，然后打开阀门让学生观察羽毛状态，听气流声，再次重复实验，对比有无空气的实验差异。

教师播放视频"大型真空实验室中的自由落体实验"。

教师展示图片：在真空实验室中拍摄的频闪照片和月球上铁锤和羽毛同时下落的图片。

教师提问：能否通过实验并结合伽利略的猜想自己总结出结论？

学生回答：如果没有空气阻力，轻重不同的物体同时同地同一高度下落的快慢是相同的。

教师归纳总结：我们把这样的只在重力作用下，从静止开始下落的运动叫作自由落体运动。

教师提问：根据定义，可以找出自由落体运动的条件是什么吗？

学生回答：第一，只受重力（若空气阻力远小于重力，且下落高度不是很高时，可以视作自由落体运动）；第二，初速度为 0。

（三）任务三：以斜面实验回顾伽利略探究过程

教师提出问题：知道了什么是自由落体运动，那么它到底是一种什么性质的运动呢？它遵循什么样的规律？

教师演示粉笔下落，让学生根据可观察到的初速度为 0、直线、加速运动等条件，猜测自由落体运动是一种什么性质的运动。

学生回答：可能是匀加速直线运动。

教师进行推理：伽利略也如此猜想。他猜想初速度为 0 时，满足 $v \propto t$，但速度难以测量，基于 $v \propto t$ 的假设，又推理得到 $x \propto t^2$（介绍数学推理过程），但时间测量困难。伽利略想到可以利用斜面"冲淡"重力。

教师对伽利略的斜面实验的原理做出简单介绍，展示相关斜面的图片，解释：当下落距离之比为 1∶4 时，时间之比为 1∶2；经过各种距离对比，总是发现通过距离之比等于时间平方之比。

学生完成实验。仿照伽利略的斜面，若下落距离之比为 1∶2∶3，记录下对应的时间，以对应时间平方为横坐标，位移为纵坐标，用 excel 拟合出的趋势线是直线，就说明 $x \propto t^2$，说明在斜面上做的是匀加速直线运动。

学生进行实验验证。在斜面上距离起点 80 cm、160 cm、240 cm 处都做好标记，分别在起点的位置释放，释放的同时用秒表计时，一名同学释放，一名同学按住挡板。随着口令响起其余几名同学同时计时，记录后舍弃最大及最小数据，剩余数据求平均值，一名同学记录数据，一名同学把数据填入 excel 表格中，得到趋势线。由趋势线的线性判断 $x \propto t^2$，得出结论：小球做匀加速直线运动。改变斜面倾角，再次重复实验步骤，得到相同的结论。

教师提问：斜面上的实验能代替竖直方向的落体运动吗？能尝试进行分析吗？

学生回答：不行，但当斜面倾角增大，小球仍然做匀加速直线运动；倾角继续增大，小球仍然做匀加速直线运动。合理推测出当斜面变成竖直方向时，小球仍然会做匀速直线运动，此时若忽略空气阻力，小球只受重力作用，近似地可以看作自由落体运动。

师生得出结论：自由落体运动是初速度为 0 的匀加速直线运动。

师生总结得出自由落体运动的初步规律公式。

教师总结回顾：伽利略对自由落体运动规律的探究主要分为以下几步。首先，通过观察现象提出问题，针对问题提出合理假设；紧接着，运用逻辑推理和数学分析提出猜想，根据猜想进行实验验证，由实验的结果再进行合理外推；最后，回到最初想要探究的问题中来得出结论。

（四）任务四：了解学习重力加速度

教师提示：随着科技发展已经不必用斜面去"冲淡"重力了，有更多的手段帮助我们更直接地研究落体运动的性质。我们将自由落体运动的加速度叫作自由落体加速度，也叫重力加速度。我们可以利用手机重力传感器，配合手机 App phyphox 测出不同方向下落时的不同重力加速度值。

学生根据教师提示完成相关实验，并讨论重力加速度值出现不同的原因。师生进一步完善自由落体运动相关规律公式。

教师总结重力加速度随纬度和高度的变化规律，指出重力加速度随纬度变大而增加，随高度变大而减小。

六、教学反思

(一)"灵动三元"培养学生核心素养

采取"灵动三元"助学课堂模式,以"心动元""主动元""互动元"为学生学习活动要素,能让学生在课堂中感受学习的乐趣,感受物理与生活、物理与数学的紧密联系;对本节内容的实验简单化,充分利用生活中常见的原材料,使学生的参与度、熟悉感和积极性不断提升。"互动元"还加强了生生交流、师生反馈,对课堂效果起到了优化作用,充分体现了学生的主体地位。

(二)增加史实推理,复现历史实验

本节课以不同的小实验贯穿整个课堂,让学生在实验中增强学习兴趣,体验科学探究的过程,培养科学思维、科学态度与社会责任感。同时,增加教材中略有涉及的史实推理部分,让课堂内容更加完整,跨越的广度更大。斜面实验让学生充分体会到伽利略完成实验的不易,得出结论的艰难,感受物理学研究问题的过程。对这一过程的展现,有助于从细节处培养学生对科学的热爱。

(供稿:张力)

果酒和果醋的制作

一、背景研究

（一）课标分析

[内容要求]

（1）举例说明日常生活中的某些食品是运用传统发酵技术生产的。

（2）阐明发酵工程利用现代工程技术及微生物的特定功能生产人类所需产品。

（3）举例说明发酵工程在医药、食品及其他工农业生产中的重要应用价值。

[学业要求]

结合生活或生产实例，举例说出发酵工程、细胞工程和基因工程等生物工程及相关技术的基本原理（生命观念）；针对人类生产或生活的某一需求，在发酵工程、细胞工程和基因工程中选取恰当的技术和方法，尝试提出初步的工程学构想，进行简单的设计和制作（生命观念、科学探究）。

[教学策略]

通过学习发酵技术，了解我国传统文化，培养学生的文化传承意识和社会责任感；通过学习发酵原理，回顾此前学习过的相关知识点。通过对实验设计、实验装置、实验步骤和注意事项的思考，养成严谨、科学、全面的思考习惯，更加注重无菌操作。

"以问题为中心"的探究式主导教学模式，采用多媒体辅助教学、启发式教学等多种手段降低知识学习难度，激发学习兴趣，最大限度地提升教学效果。教学过程中通过"设疑—析疑—质疑—释疑",设置问题情境,拓展学生思维,实现师生互动、生生互动。实验装置的设计及葡萄酒的制作有利于训练学生的创新意识和动手能力。

(二)教材分析

[教材内容]

人教版高中生物选修1的专题1"传统发酵技术的应用"及课题1"果酒和果醋的制作"。教学计划2课时。第一课时了解发酵的定义、发酵的历史、果酒和果醋发酵需要的微生物及原理。第二课时学习果酒果醋发酵的操作过程和酒精、果醋的检测方法。

[地位和作用]

本课题是本教材的开篇第一课,对培养学生学习兴趣和良好的学习习惯十分重要。酵母菌和醋酸菌涉及必修1的知识,在此可对相关知识进行回顾;与课题2、课题3有紧密的知识联系,经常用于对学生的综合考查。教师需在本课题中,引导学生打下坚实的基础,以减轻后续学习压力。

(三)实验研究

(1)根据课标教学要求,设计并改进酸性重铬酸钾检测酒精实验。

实验操作:在试管中加入发酵液2 mL;再滴加3滴物质的量浓度为3 mol/L的 H_2SO_4,震荡摇匀;滴加饱和的重铬酸钾液3滴。溶液由橙色变为灰绿色。

改进操作:葡萄酒颜色深,反应难以观察清楚,需稀释。

设计对照实验,增加实验可信度,见表1。

表1 重铬酸钾检测酒精对照试验

操作	试管甲	试管乙
发酵液	2 mL	—
蒸馏水	—	2 mL
物质的量浓度为3 mol/L的 H_2SO_4	3滴	3滴
饱和重铬酸钾	3滴	3滴
现象	灰绿色	橙色

（2）根据课标教学要求，设计 pH 试纸检测醋酸实验，结果见图 1。

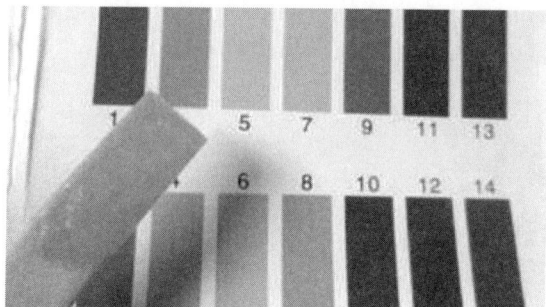

图 1　pH 试纸检测醋酸的实验结果

（四）情境素材设计

教师展示介绍酿酒的微课视频（图 2）。

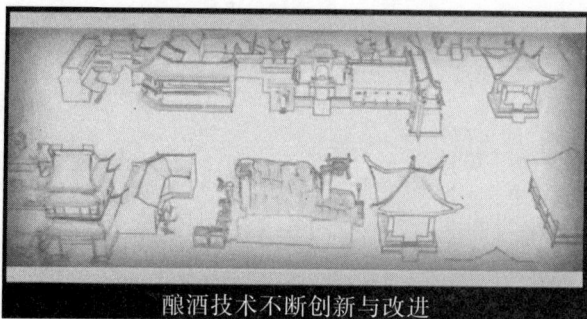

图 2　介绍酿酒的微课视频截图

二、教学目标

（1）以生物适应环境的生命观念为指导，综合运用学科知识与能力，设计方案，进行果酒及果醋的制作。（生命观念，科学思维）

（2）对酒和醋发酵技术的生产原理、安全性、成果等开展分析、讨论和评价。（科学思维）

（3）发掘需求并针对需求，在发酵制作的过程中选取合适的技术方法、材料用具，尝试先初步提出制作果酒果醋的实施方案；小组进行"头脑风暴"，讨论方案；小组合作推进方案实施，并能提出进一步的改进方案。（科学探究）

（4）思考发酵技术如何应用于大规模生产，认识发酵技术对食品行业的影响；以古诗词为引，了解、认同并传承中华悠久的酒文化。（社会责任）

三、教学环节设计

以学习发酵的发展历程、果酒果醋发酵的原理、发酵的流程和发酵产物的检测为 4 个任务展开教学，心动元指向真实情境为核心知识载体，主动元指向实证、探究的问题解决，互动元指向交流、评价的学习反馈。教学环节设计见表 2。

表 2　教学环节设计

活动环节	核心问题	心动元	主动元	互动元	设计意图
任务 1：学习发酵的发展历程	了解发酵的发展史，学习传统文化	从生活中的发酵产品引入	观看讲解酿酒的微课视频	总结酒精发酵的基础操作	通过观看微课，让学生了解传统发酵文化，提高学生对中华优秀传统文化的认同感，鼓励学生学习和传承中华优秀传统文化
任务 2：果酒果醋发酵的原理	酵母菌的代谢方式、生存环境、发酵条件；醋酸菌的代谢方式、生存环境、发酵条件	引入简媜的一句话：就像每一滴酒回不了最初的葡萄，我回不了年少	在教材上找到酵母菌的代谢方式、生存环境、发酵条件；找到醋酸菌的代谢方式、生存环境、发酵条件	相互讨论、订正答案	通过在教材上寻找答案、小组合作，锻炼学生阅读文本、寻找答案、总结回答、交流互助的能力
任务 3：发酵的流程	果酒发酵和果醋发酵的流程	怎样给酵母菌和醋酸菌提供发酵条件	阅读教材找到流程和注意事项；回答思考题，进一步加深对流程的学习	相互交流讨论，得出更全面、更综合的答案	通过阅读教材和思考回答，增强学生分析实验仪器、交流讨论的能力

活动环节	核心问题	心动元	主动元	互动元	设计意图
任务4：发酵产物的检测	实验检测酒精和醋酸	怎样证明有果酒和果醋的产生	找到实验设计的不足之处；设计合理的实验	相互交流、完善实验设计	通过对实验的思考，形成严谨的实验思路，培养学生对教材反思的能力，引导其不盲从权威、树立自信

四、教学实施过程

（一）任务一：学习发酵的发展历程

教师展示照片：酒、苹果醋、腐乳等发酵产品。

教师引入：这些都是生活中常见的食品，尤其是酒。中国古代便有非常丰富的酒文化。那么，酒是怎么从粮食变成独具风味的饮品的呢？

教师播放微课视频《酒的历史》。

学生总结酒精发酵的基本操作：利用微生物在有氧或无氧条件下的生命活动来制备微生物菌体及各种不同代谢产物的过程。

（二）任务二：果酒果醋的发酵原理

师生共同认识酵母菌。

教师引导学生在教材中找到酵母菌的介绍。

学生解读：酵母菌是单细胞真菌，属真核生物，细胞大小为 $1\sim30~\mu m$，呈圆形、椭圆形等。酵母菌的繁殖方式主要为无性生殖（出芽生殖、分裂生殖、孢子生殖），又多以出芽生殖方式进行。

教师提问：酵母菌的细胞中有哪些结构？细菌与酵母菌在细胞结构上有什么区别？

学生回答：酵母菌的细胞中有细胞膜、细胞质和细胞核。细胞质中有多种细胞器。细菌与酵母菌在细胞结构的区别主要体现在有无成形的细胞核。细菌无核膜包被的细胞核；酵母菌有核膜包被的细胞核。

教师提问：酵母菌分布在含糖较高的偏酸环境中，如水果等。在发酵制作葡萄酒的时候，要对葡萄进行消毒吗？为什么？其他微生物与酵母菌的关系是什么？

学生回答：要对葡萄进行消毒，以防止杂菌污染。其他微生物与酵母菌是竞争关系。

教师提问：酵母菌的代谢类型及其呼吸过程是什么？

学生回答：酵母菌的代谢类型属于异养兼性厌氧型，既能进行有氧呼吸，又能进行无氧呼吸。有氧呼吸的过程体现为：$C_6H_{12}O_6+6O_2+6H_2O \longrightarrow 6CO_2+12H_2O+$能量，无氧呼吸的过程体现为：$C_6H_{12}O_6 \longrightarrow 2C_2H_5OH+2CO_2+$能量。

教师提问：在发酵过程中，如果要使酵母菌进行大量繁殖，应怎样处理？如果要获得酒精呢？

学生回答：如果要使酵母菌进行大量繁殖便要提供充足的养料、氧气，保证适宜的温度和pH。如果要获得酒精便要保证厌氧环境。

教师提问：发酵所需的适宜条件是什么？传统发酵技术所使用的酵母菌的来源是什么？

学生回答：发酵所需的适宜条件包括，温度适宜，即18～25℃，20℃左右是最适的；pH适宜，呈酸性；缺氧。传统发酵技术所使用的酵母菌是附着在葡萄皮上的野生型酵母菌。

教师提问：醋酸菌的形态、结构是怎样的？

学生回答：醋酸菌的形态多样，从椭圆到杆状，有单个的，有成对的，还有成链状的。它们以鞭毛运动或不运动，属原核细胞，以分裂方式繁殖。其新陈代谢类型为异养好氧型。

教师提问：醋酸菌的代谢过程是怎样的？

学生回答：氧气、糖源充足时，醋酸菌将糖分解成醋酸。缺少糖源时，醋酸菌将乙醇变为乙醛，再将乙醛变为醋酸。

教师提问：醋酸菌的生存环境是什么？

学生回答：适宜的繁殖温度是30～35℃，最适宜生长pH为酸性，还需要充足氧气。

（三）任务三：发酵的流程

教师进行材料的选择与处理：①取葡萄 500 g，去除腐烂的叶子；②用清水冲洗葡萄 1~2 次除去污物。提问：你认为应该先冲洗葡萄还是先除去枝梗？为什么？

学生回答：应该先冲洗，然后再除去枝梗，以避免除去枝梗时引起葡萄破损，增加被杂菌污染的机会，同时也可以防止葡萄汁的流失。

教师解释：

（1）灭菌。①榨汁机要清洗干净，并晾干；②发酵装置要清洗干净，并用 70% 的酒精消毒或洗洁精洗涤；③将葡萄汁装入发酵瓶后，要封闭充气口。

（2）榨汁。①避免将果核压破，果核中含有多种影响葡萄酒风味的物质；②如葡萄未充分成熟，可加糖，去除酸味，可加少量酒精。

（3）发酵。①将葡萄汁装入发酵瓶时，要留有大约 1/3 的空间。②制作葡萄酒。将温度严格控制在 18~25℃，每天排气一次；发酵旺盛时，每天排气 3~4 次。时间控制在 10~12 天，可通过出料口对发酵的情况进行及时的监测。③制作葡萄醋。将温度严格控制在 30~35℃，时间控制在 7~8 天，并注意适时通过充气口充气。

教师提问：为什么将葡萄汁装入发酵瓶时，要留有大约 1/3 的空间？

学生回答：目的是先让酵母菌有氧呼吸快速繁殖；防止发酵过程中产生的 CO_2 造成发酵液的溢出。

教师提问：发酵过程中，每天需拧松瓶盖排气，为什么？排气后再拧紧瓶盖是为什么？当发酵产生酒精后，再将瓶盖打开，盖上一层纱布，原因是什么？

学生回答：酒精发酵过程中会产生 CO_2，瓶盖拧松放出 CO_2。排气后再拧紧瓶盖是防止 O_2 进入，继续进行酒精发酵。当发酵产生酒精后，再将瓶盖打开，盖上一层纱布，是制造有氧条件，进行醋酸发酵。

教师出示装置图提问：请分析此装置中的充气口、排气口和出料口分别有哪些作用。为什么排气口要通过一个长而弯曲的胶管与瓶身连接？结合果酒、果醋的制作原理，阐述你认为应该如何使用这个发酵装置？

学生回答：充气口是在醋酸发酵时连接充气泵进行充气用的；排气口是在

酒精发酵时用来排出 CO_2 的；出料口是用来取样的。排气口要通过一个长而弯曲的胶管与瓶身连接，其目的是防止空气中微生物的污染，其作用类似巴斯德的鹅颈瓶。使用该装置制酒时，应该关闭充气口；制醋时，应将充气口连接气泵，输入氧气。

教师提问：在酒精发酵过程中为什么往往"先通气后密封"？

学生回答：通气的目的是使酵母菌进行有氧呼吸大量繁殖。密封的目的是使酵母菌进行无氧呼吸产生酒精。

教师提问：酒精发酵过程中发生"先来水后来酒"的现象，其原因是什么？

学生回答：酵母菌首先进行有氧呼吸产生了水，然后进行无氧呼吸才产生酒精。

教师提问：一般情况下，葡萄酒呈红色的原因？

学生回答：在发酵的过程中，随着酒精浓度的提高，红葡萄皮的色素也进入发酵液，使葡萄酒呈红色。

教师提问：制葡萄酒时，为什么要将温度控制在 $18 \sim 25$℃？制葡萄醋时，为什么要将温度控制在 $30 \sim 35$℃？

学生回答：温度是酵母菌生长和发酵的重要条件。20℃左右最适合酵母菌繁殖。因此需要将温度控制在其适范围内。而醋酸菌是嗜温菌，最适生长温度为 $30 \sim 35$℃，因此要将温度控制在 $30 \sim 35$℃。

教师提问：变酸的酒表面有菌膜，菌膜是怎样形成的？溶液内部能形成菌膜吗？

学生回答：菌膜是醋酸菌在液面大量繁殖而形成的。溶液内部不能形成菌膜。

教师提问：从哪些方面防止发酵液被污染？

学生回答：①榨汁机要清洗干净，并晾干。②发酵装置要清洗干净，并用70%的酒精消毒或洗洁精洗涤。③将葡萄汁装入发酵瓶后，要封闭充气口。④葡萄先冲洗再去枝梗。⑤用带盖瓶发酵排气时只能拧松不能拧开。⑥过滤果汁和罩口用的纱布要清洗干净并消毒。⑦排气管用长橡胶管或弯曲的玻璃管，并力求管口向下。

（四）任务四：发酵产物的检测

教师提问：如何证明果汁发酵后有酒精产生？

学生回答：闻，尝，在酸性条件下，重铬酸钾与酒精反应呈现灰绿色。在试管中加入发酵液 2 mL；再滴加 3 滴物质的量浓度为 3 mol/L 的 H_2SO_4，震荡摇匀；滴加饱和的重铬酸钾液 3 滴。

教师播放检测乙醇视频，提问：如果要使检验的结果更有说服力，应该怎么做？

学生回答：设置对照试验。

教师提问：如何证明果汁发酵后有醋酸产生？

学生回答：闻，尝，使用 pH 试纸检测。

五、教学反思

果酒和果醋的制作与日常生活联系密切，是学生较感兴趣的一个课题，并且本课题用到的酵母菌是学生知道的内容。在了解一些相关知识的背景下，亲手设计实验，制作果酒，学习相关的实验方法和基本操作技能，并理解其科学原理，这个过程使学生更容易体验到学习的乐趣，激发学习生物的兴趣。整节课大多数学生都能积极思考和回答问题，并且积极参与课堂教学。通过练习大多数学生对知识点的掌握也非常好。

本课题学习的内容和生活联系得比较密切，教师在教学中应当充分调动学生的学习兴趣和学习热情，使学生主动探究果酒和果醋的制作流程，并且通过和同学的合作完成相关的实验设计。有关实验原理的教学可以联系教材中有关微生物的内容，注重知识的前后关联；组织学生通过讨论完成实验流程的设计，并且让学生重视分析操作过程中出现的问题。通过小组讨论、联系生活来提高学生合作探究的能力，使学生在发现、探究、操作的过程中，获得知识，体验成功的乐趣，激发学习的热情，树立学习的信心，增强学习生物的兴趣。

（供稿：向可）

基于真实体验的高三化学实验专题复习

一、背景分析

"倡导真实问题情境的创设，开展以化学实验为主的多种探究活动，重视教学内容的结构化设计，激发学生学习化学的兴趣，促进学生学习方式的转变，培养他们的创新精神和实践能力"，是《普通高中化学课程标准》（2017版）明确的化学课程的基本理念之一。化学实验是促进学生化学核心素养发展的重要途径。《2020年普通高等学校招生全国统一考试大纲》中关于化学学科的考核目标与要求提出了三个具体的化学学习能力：其一，接受、吸收、整合化学信息的能力；其二，分析和解决化学问题的能力；其三，化学实验与探究的能力。当下的高考命题也侧重于考查学生动手实验的情况，即考查学生的化学实验与探究能力。化学实验题是历年高考必考内容，命题方向也充分体现化学学科核心素养，力求以纸笔测试尽可能还原实验场景。

目前的高三化学实验专题复习，大多数以对知识点的重复、归纳、回顾、记忆、整理为主，能力提高主要依赖大量习题的训练与讲评，常常采用"视频上看实验、黑板上讲实验、笔记本上默实验、题目中探究实验"的模式。显然，当前高三化学实验专题复习的现状与新课标的要求之间还有一定的距离。查阅近年的文献资料，有一些高三化学实验专题复习是基于核心物质、核心性质等主题来开展的。申燕等在《"模型认知"视域下高三化学实验复习策略研究》一文中，通过分析高考化学实验题的特点，从原型建模、设问建模、理论建模三方面梳理化学实验复习中认知模型的建构策略，引导学生从模型认知策略来分析解决化学实验问题。王冬等在《基于主题的化学实验复习教学——以黑木耳中铁元素的检验与测定为例》一文中，通过黑木耳中铁元素的检验与测定为题展开，介绍了基于主题的化学实验复习课的一般流程、设计思路和教学流程。李洪涛等在《高三化学复习课中的角色体验策略——以一节综合实验复习课为例》中提出，让学生在整节课的复习中逐一体验高考考生、阅卷教师及试题评讲人三种角色，从三个不同的视角看待同一道化学综合实验题，在体验的过程中，认识解题规律及注意事项。但是，对于将高考试题改编为化学实验，让学生亲身体验，最后再编制为试题的研究较少。为此，笔者研究了2016—2019 年的 12 套全国高考综合实验题，分析命题特点，选取具有代表性的主题设计为学生综合实验。让学生在动手真实体验实验后，依据实验内容命制实验问题，再结合真题分析对比，帮助学生降低对实验题的畏惧，使他们能结合问题构建实验情境，从容答题。

二、教学准备

（一）高考实验命题特点研究

通过统计分析 2016—2019 年全国卷综合实验题，得出以下结论：

（1）考查角度有规可循。

结合表 1，可将高考实验题划分为三个主题：物质的制备与分离，物质组分的检验与含量的测定，物质性质或反应原理的探究。12 道题均属于这三个主题或是这三个主题的交叉与融合，而且考查物质制备和分离的题相对较多。

表 1　2016—2019 年高考全国卷化学综合实验题的考查角度

	Ⅰ卷	Ⅱ卷	Ⅲ卷
2019	制备并分离硫酸铁铵	从茶叶中提取咖啡因	制备并分离乙酰水杨酸
2018	制备并分离醋酸亚铬	三草酸合铁酸钾性质探究	硫代硫酸钠中硫酸根的检验和硫代硫酸钠测定
2017	测定蛋白质氮含量	水中的溶解氧测定	探究绿矾性质
2016	NH_3 与 NO_x 反应探究	Fe^{2+} 和 Fe^{3+} 性质探究	制备 CaO_2

（2）考查的方式有据可依。

真实的实验过程应该是连贯、完整的，即针对具体的实验任务，从实验前明确实验目的，理清实验原理，选择恰当的试剂和仪器设计实验方案，到进入实验室以正确的实验操作完成实验步骤，如实记录实验现象，再到实验后分析与论证实验结果，进行数据处理与误差分析。而 2016—2019 年高考题的考查高度模拟综合实验的实际过程，一道试题即一份实验报告。图 1 展示了化学综合实验的实验环节与实验题考查方式之间的关系。2016—2019 年 12 道综合实验题的考查方式主要有七种：仪器的名称、选择与作用，实验条件的选择与控制，实验操作及目的，实验现象描述及解释，化学方程式的书写，定量计算及误差分析，实验方案的设计与评价。

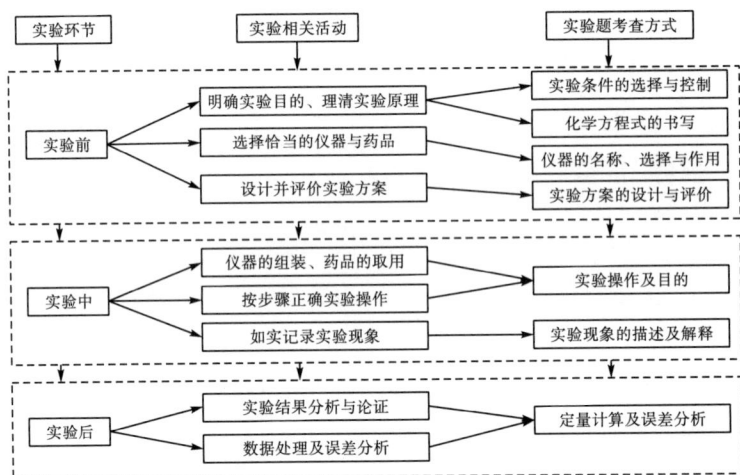

图 1　化学综合实验的实验环节与实验题考查方式之间的关系

（二）将高考实验试题改编为学生实验

以 2018 年全国 I 卷化学实验题"制备并分离醋酸亚铬"为例，将实验题改编为学生实验。

（1）实验目的：制备并分离醋酸亚铬。

（2）实验原理：二价铬不稳定，极易被氧气氧化，不与锌反应。实验室中以锌粒、三氯化铬溶液、醋酸钠溶液和盐酸为主要原料制备醋酸亚铬水合物，制备过程中发生的相关反应如下：

$$Zn+2HCl \!\!=\!\!= ZnCl_2+H_2 \uparrow$$

$$2CrCl_3+Zn \!\!=\!\!= 2CrCl_2+ZnCl_2$$

$$CrCl_2+2CH_3COONa+2H_2O \!\!=\!\!= (CH_3COO)_2Cr \cdot 2H_2O \downarrow +2NaCl$$

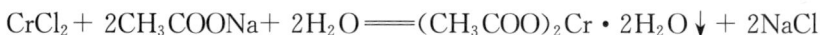

（3）实验仪器：烧杯、分液漏斗、抽滤瓶、锥形瓶、玻璃导管及橡胶管若干。

（4）实验试剂：锌粒、氯化铬、醋酸钠、3 mol/L 盐酸、蒸馏水。

（5）实验步骤：

步骤 1：连接装置（图 2），检查气密性。

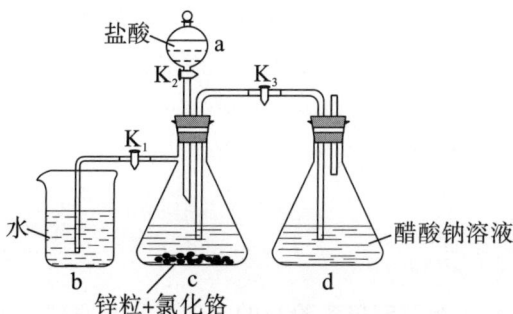

图 2　制备并分离醋酸亚铬实验装置图

步骤 2：添加药品。向抽滤瓶中加入 8.0 g 锌粒和 5.0 g 氯化铬，加入 6.0 mL 煮沸过的蒸馏水；向分液漏斗中加入约三分之二容积的 1 mol/L 的盐酸；锥形瓶中加入 20.0 mL 3 mol/L 的醋酸钠溶液；烧杯中加入适量水，连接好装置。

步骤 3：Cr^{2+} 的生成。打开 K_1，关闭 K_3，打开分液漏斗的活塞 K_2，加入约一半体积的盐酸，然后关闭 K_2。

步骤 4：$(CH_3COO)_2Cr \cdot 2H_2O$ 的生成。待 c 中溶液变为亮蓝色后，打开 K_3，关闭 K_1。

步骤 5：$(CH_3COO)_2Cr \cdot 2H_2O$ 的分离。为使沉淀充分析出并分离，向 d 中加入冰水冷却，过滤，洗涤，干燥。

三、教学设计

（一）学习目标

（1）通过动手实验，体验高考化学实验题中的具体实验完成过程，体会化学实验怎么考，提升实验情境的构建能力。

（2）通过试题命制，体会高考化学实验题的命题特点和考查方式，提高学生解决问题的能力，提升学生思维水平，形成解题策略。

（二）教学主要流程

1. 实验实施环节

学生领取实验任务单，明确实验目的，理清实验原理。小组完成实验，填写实验报告。小组交流，汇报实验结果。实验过程及现象见图3。

图 3　制备醋酸亚铬的实验装置图及实验现象

实验时间为8~10分钟，教师在这一环节组织学生实验，引导学生分工合作，注意观察。实验成功的关键在于步骤4中反应容器中的溶液变为亮蓝色（如图3b所示）。

设计意图：以结构化的综合实验为策略，培养学生的动手能力、观察能力，让学生体验高考综合实验题的真实情境，将高考综合实验从"摸不着、看不到"变为"可以做，能成功"，激发学生的学习兴趣，促进学生学习方式的转变，更加自如地应对高考综合实验。

2. 试题命制环节

教师提问：若你是高考命题人，结合此次实验内容，从实验目的到实验现象的任一环节均可设计问题，你将在何处设问？

学生先独立设计，接下来小组内部交流讨论，最后各小组分享问题和答案。学生设计的问题见表2。

表2　学生依据实验内容设计的问题

问题分类	学生设计的问题
仪器名称	仪器a的名称为_____、仪器b的名称为_____、仪器c的名称为_____、仪器d的名称为_____
方程式书写	请写出c中发生的化学反应方程式：_____ 请写出d中发生反应的离子方程式：_____
实验操作	实验过程中，连接好装置应该先_____，再添加药品。将a中的盐酸加入c中的操作为_____ c中的亮蓝色流入d中的操作为_____
操作目的	c中的亮蓝色溶液能流入d中的原因是_____
现象解释	实验开始后b中产生的气体是_____，产生该气体的原因是_____

设计意图：让学生站在命题人的角度去思考在一个具体的化学实验中，可以从哪些角度设置问题。学生知道如何设问就能在解题中有效提取问题信息。这一环节让人惊喜连连，学生设问的方式多样且合理。

3. 高考真题再现环节

教师展示高考真题，见表3。

学生对比实验内容和高考考查方式，体会基于真实情境的高考试题的命制特点和考查方式。

表3 2018年全国Ⅰ卷综合实验真题

题头	实验装置图	题干
[(CH₃COO)₂Cr·2H₂O] 醋酸亚铬为砖红色晶体，难溶于冷水，易溶于酸，在气体分析中用作氧气吸收剂。一般制备方法是先在封闭体系中利用金属锌作还原剂，将三价铬还原为二价铬；二价铬再与醋酸钠溶液作用即可制得醋酸亚铬		(1) 实验中所用蒸馏水均需经煮沸后迅速冷却，目的是____，仪器 a 的名称____ (2) 将过量锌粒和氯化铬固体置于 c 中，加入少量蒸馏水，按图连接好装置，打开 K₁、K₂，关闭 K₃ ①c 中溶液由绿色逐渐变为亮蓝色，该反应的离子方程式____ ②同时 c 中有气体产生，该气体的作用是____ (3) 打开 K₃，关闭 K₁ 和 K₂。c 中亮蓝色溶液流入 d，其原因是____；d 中析出砖红色沉淀，为使沉淀充分析出并分离，需采用的操作是____、____、洗涤、干燥 (4) 指出装置 d 可能存在的缺点：____

　　教师分析高考题目的问题设置类型，并罗列高考综合实验题的七种主要考查方式（见图4），引导学生对问题归类。

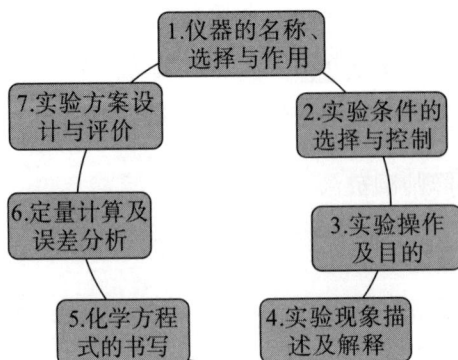

图4 高考综合实验题的七种常见考查方式

师生共建，形成策略，见图 5。

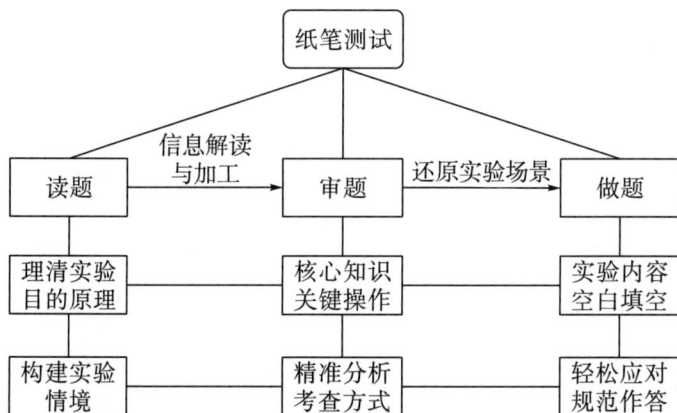

图 5　基于真实体验的高考化学综合实验答题策略

设计意图：引导学生解决一个具体的高考实验问题，从题目中提取、整合相关信息，知道实验目的，理清实验原理，选择恰当的实验试剂和仪器开展实验，达成目的。通过该环节的分析总结，引导学生体会高考题的设计，将核心知识渗透在真实的实验情境中，了解到问题的设置为实验环节中某一具体的部分或片段。同时，引导学生建立先理清实验脉络，构建实验情境，再分析核心知识和关键实验操作的解题策略。

四、教学反思

在实际教学中，教师围绕高考化学实验考查的三个主题带领学生进行复习，让学生进入实验室，体验综合实验完成过程。学生在后续解决实验问题时便能减少畏难情绪，还能够将纸笔实验迁移至真实的实验情境，再通过审题准确找到核心知识和关键操作。这对培养学生的实践应用能力有着独特的功能和价值。

化学是以实验为基础的学科。如前所述，高考对实验能力的要求较高，化学实验的教育与教学功能在高三课堂中也应该得以提升。化学教师应该在化学复习教学中充分挖掘化学实验的功能，为高三化学学习和教学服务，让学生积极主动地参与到实验中来，亲自动手，去体验综合实验的完整过程。教师要在实验中引导学生在发现问题、求证知识、理解知识、应用和欣赏知识的过程中掌握学科思维方法。

（供稿：杨帆）

后　记

凌晨时分，我正坐在书桌前敲击键盘。五年前，我无论如何也不会想到自己能整理出版一本书。这一切都要从那次赛课说起。

2018年，我有幸作为郫都区的代表参加成都市高中化学赛课。整个暑假，我都在为这节课做准备。研究课标、教材、文献，做实验，在线上学习北京、上海等地先进的教学经验……没有实验条件就回到母校陕西师范大学，在导师杨合情教授的实验室完成了纳米二氧化钛的制备与表征。2018年9月开学后，在教研组的帮助下，我进行了多次的磨课修改。在2018年10月16日的成都市高中化学赛课中，我以说播课的形式，从指导思想、教学背景分析、实验研究、教学过程设计、教学反思等5个方面，进行了15分钟的阐述与展示，从有二十多位参赛教师的竞争中脱颖而出，与另外6位老师进入现场同课异构环节，最终在现场课比赛中获得特等奖第一名，并得到了代表成都市参加四川省赛课的机会。此后，我又在2019年获得四川省赛课的一等奖。我永远不能忘记四川省赛课现场——四川省南部中学的阶梯教室——座无虚席的场景。

一般故事到这里也就结束了，但正是这一系列的赛课激起了我的求知欲。准备赛课的那段时间，我看了很多的文献，看了很多优秀教师的课，也开始有计划地阅读，因为自知成长需要不断地自我反思、自觉进步。2020年，我看了二十多本书，主要是历史故事、人物传记、教育著作等，同时也影响了6岁的儿子，使他爱上阅读。通过不断的阅读与思考，心里面也种下了一颗积极向上、追求进步的种子。2021年元旦，我给自己定下了全年阅读五十本图书的目标，之后超额完成任务，还坚持书写读书笔记接近三个月，记下自己读书时的所感所悟。也正是这期间，我在《中学化学教学参考》及核心期刊《化学教育》上发表了论文，改进了实验并获得了国家专利授权。

2019年底，我有幸负责学校教科室的工作。学校在2018年立项了一个市级课题，但开题以后尚未持续推进。我便借助自己的赛课经历，结合学校已设定的"灵动三元"助学课堂构想，开始思索一节对学生有帮助的课应该怎么设计、怎么呈现，并在校内组织举行了一场场热闹的讨论、探索、实践活动。此后，我连续两年策划了学校教育研讨会，展示研究成果，邀请专家指导。2022年课题结题后，我便将部分优秀助学案收集起来，以期出版。当把初稿交给编辑，听到编辑的反馈意见时，才知道出书这件事情不简单。论述没有体系和主次，案例没有分析，只有学案呈现……这时候我才开始深刻审视我们的研究内容。本书最终呈现的第二部分是课例论文，第三部分是教学设计。作为主编，我只能算是知识与经验的搬运工。但正是基于对这些课例论文的反复阅读思考，对这些教学设计案例的深刻剖析，我提炼出了"灵动三元"助学课堂的结构及教学设计基本思路。虽然可能还有很多地方需要进一步的探讨，但我已在心中种下了成为终身学习型教师的种子。我希望通过自己的努力影响更多的学生，成为学生成长路上的合格引路人。

在书稿正在完善的过程中，我由于工作变动来到了成都七中林荫校区，未想一到七中就接手了高三两个班的教学工作，其中一个班级还是七中东方闻道网校的网班。工作压力大，工作强度高。每天从早晨7点到凌晨，备课、找题、做题、选题、制作课件、上课、听课、批改作业、反思……已无暇顾及书稿的思考与整理。没有时间就只有拉长自己的工作时间，挤掉自己的休息时间。终于，我完成了最后一部分内容。回头看看自己走过的路，虽然辛苦，但收获很多，最大的收获便是知道可以通过学习不断提升自己。这一路走来，也收获了太多的帮助，来自领导、导师、同事、朋友、家人……无限感恩！

2024 年 3 月